普通高等学校体育专业课程教材

基 本 体 操

主　编　王伯华

副主编　周清志　刘志明

浙江大學出版社

前　言

　　本教材是根据教育部颁发的《全国普通高等学校体育教育本科专业课程方案》的通知精神,结合当前各级各类学校体育教学改革对体育教育人才的需求和普通高校体育本科专业教改发展趋势以及培养目标和规格要求编写的。

　　基本体操是普通高等学校体育教育本科专业必修课程的教学内容之一,它在各级各类学校体育教学中具有一定的比例和地位,在学校体育锻炼和训练的准备活动中具有重要的作用。本教材全面系统地阐述了与基本体操有关的理论知识、动作技术和教学方法,具有较强的实用性;在队列队形、操的创编和组织教学等有关章节内容中注重教学能力的培养,体现了体育教育专业的培养目标。教材共有八章,并附录了建国以来成人广播体操及最近颁布的中学生系列广播体操等内容,可作为体育本、专科函授,成人高校和中等专业学校的教材,也可作为中、小学体育老师的参考用书。

　　本教材由王伯华(浙江大学)担任主编,周清志(浙江大学)、刘志明(宁波大学)担任副主编。参加编写的人员有(以姓氏笔画为序):王伯华(浙江大学,第三章、第六章)、刘志明(宁波大学,第八章)、金晓峰(丽水学院,第四章、第五章)、周清志(浙江大学,第一章、第二章)、喻永祥(浙江大学,第七章)。全书最后由王伯华、周清志负责统稿、定稿,各类操图由刘志明绘制,由原杭州大学体育系主任王明海教授审稿。

　　在教材的编写过程中,得到浙江大学体育学系、宁波大学体育学院、台州学院体育科学学院、湖州师范学院体育学院、丽水学院体育系领导的支持和帮助,在此表示诚挚的感谢。限于编写人员的水平和时间仓促,不足之处在所难免,敬请批评指正。

《基本体操》教材编写组
2004 年 8 月

目　　录

目

录

基 本 体 操
JIBENTICAO

第一章 基本体操概述

基本体操是一项极为普及的运动。它是由身体各部位的各种动作,以不同的姿势、方向、路线、幅度、频率和节奏协同一致而组合成的各种单个动作或联合动作,有徒手的练习,也可持各种轻器械或在专门器械上进行的练习,并且要求有一定艺术性的一项体育运动。

开展基本体操的主要任务是促进身体的正常发育,养成良好的身体姿势,增强骨骼、肌肉、韧带和内脏器官的机能,发展灵敏、力量、速度、柔韧、协调等身体素质。其目的是增强体质、增进健康、促进身体全面发展、提高机体的工作能力。

基本体操的特点是动作简单、形式多样、内容丰富,并根据对象的具体情况,内容可多可少,练习时间可长可短,强度可大可小,不论男女老幼、体弱体强者均可选择性地采用。它是具有广泛的群众性和针对性很强的体育运动,已成为各级各类学校体育教学和训练中的重要内容,同时也成为机关、厂矿、部队锻炼身体的良好手段。

第一节 基本体操发展简况

基本体操在我国有悠久的历史,是劳动者在长期生产和生活的实践中创造和发展起来的。早在原始社会末期,体操运动就萌芽了。《吕氏春秋》记载了很多古代传说,其中《古乐》篇说:"昔陶唐氏之始,阴多滞状而湛积。水道壅塞,不行其原。民气郁阏而滞著,筋骨瑟缩不达,故作为舞以宣导之。"陶唐氏时代处于原始社会末期,在炎热潮湿的气候影响下,由于血脉运行不充分而产生了各种病症,其中就有身体四肢浮肿的病。某些有见识的人在生活实践中认识到,多活动身体,便可消除和预防这种病症。这种身体活动,当然不是生产活动,而是一种最原始的体操或舞蹈。

在春秋战国时期,体操一般是同养生中的导引相结合的。《庄子》一书中有不少关于养生的论述,庄子《刻意篇》中说:"吹口句呼吸,吐故纳新,熊经鸟申,为寿而已矣。""熊经鸟申"就是模仿鸟兽动作的一种早期的基本体操运动。

我们还可以从长沙马王堆出土的文物中,见到西汉初有关养生术导引体操的具体形象。导引图上面画着四十几个栩栩如生的人物姿势图,从立、跪、坐基本姿势开始,做着屈、伸、转体、弓箭步、跨、跳等动作,和现在的广播体操的动作相仿。值得注意的是,在与导引图同时出土的医简上,还讲到了"善治气"的作用,导引图旁注文也提到"呼吸"字样。这就说明远在 2100 多年前,先人们已注意到运动时内脏器官和运动器官的配合。

到了东汉末年,基本体操有了相当大的发展和提高。华佗的"五禽戏"就是根据"熊经鸟申"发展创造的。《三国志·魏书》记载:"佗语普曰:'人体欲得劳动,但不当使极尔。动摇则偘气得消,血脉流通,病不得生,譬犹户枢不朽是也。'"华佗的"五禽戏"模仿虎、鹿、熊、猿、鸟五种动物的活动姿态,使人体各部分都得到活动。他的一个学生经常做"五禽戏",活到 90 多岁还耳聪目明,牙齿完好。

我国古代的练身方法"八段锦",动作简单易学。据研究,它从 12 世纪时发展起来的,至今已有 800 多年的历史了。所谓"锦",一般是指各种不同颜色的丝织品,而古人将几种不同动作编成的体操也称为"锦"。"八段锦"就是八节动作,同现在的徒手体操很相像。以后,"八段锦"的内容发展得丰富多彩,但大体上可分为坐式和站式两类。坐式运动量较少,称"文八段";站式运动量较大,称"武八段"。再以后,又出现了"十二段锦"和"易筋经"等各种健身方法,广泛流传于民间。

19 世纪末,各国的体育互相交流,互相影响。当时传入我国的主要是德国体操学派、瑞典体操学派和丹麦体操学派。这些学派主要有两个特点:一是强调练习体操要符合人体器官系统运动法则及身体运动科学;二是它们的体系重视人体的协调和均衡发展。

在辛亥革命前夕和在辛亥革命中,资产阶级民主革命派为积蓄革命力量,准备武装斗争,把体育作为一种手段,以增强革命青年的体质。1906 年由秋瑾主办的大通学堂和 1908 年同盟会创办的重庆学堂,都设有徒手体操课程,显示了体育为政治斗争服务并与军事紧密联系的特点。

"五四"前夜,中国兴起了新文化运动,先进体育思想也较系统地出现了。1917 年 4 月 1 日,毛泽东同志在《新青年》杂志上以"二十八画生"的笔名发表了《体育之研究》,并介绍了他自编的一套健身方法——"六段运动"。这六段运动是:手部运动,坐势;足部运动,坐势;躯干运动,立势;头部运动,坐势;打击运动,不定势(打击运动者,以拳遍击身体各处,使血液奔注,筋肉坚实,为此运动之主);调和运动,不定势。毛泽东同志吸取了古代的练身方法"八段锦"、按摩的一些精华和近代体操的一些优点,并创造性地运用到实践中去。

抗日战争与解放战争时期,延安大学体育系开设了徒手体操课程。

自从中华人民共和国成立以后,在党和政府的亲切关怀下,劳动人民的身体健康得到重视,人民体育事业得到了蓬勃的发展。1951 年 11 月 24 日,中华全国体育总会、中央人民政府教育部等九个单位发出的《关于推行广播体操活动的联合通知》中提出："体操是最基本、最简单因而也是最宜于普及的群众性的体育活动。"自 1951 年以来，在国家体委的直接组织领导下，先后编制推广了 18 套广播体操，其中成人广播体操 8 套，少年、儿童广播体操 10 套。1998 年和 2002 年，教育部又分别推广了 5 套中小学生、幼儿系列广播体操，其中幼儿 1 套，小学 2 套，中学 2 套。

多年来的实践证明，广播体操已成为我国人民生活中不可缺少的一部分，坚持做广播体操已成为群众体育运动中的一个良好传统。

凡是为了增强体质，促进身体姿态的正确形成与身体素质的发展，提高人体基本活动能力所采用的体操练习内容，均属于基本体操。基本体操是各级各类学校教学大纲的基本内容，它要求各级学校通过内容丰富的基本体操的教学与训练，促进儿童、少年和青年学生的身体得到正常的生长发育，全面提高身体素质，发展基本运动技能和能力。在大众健身活动中，由徒手体操派生的医疗保健体操、生产操及运动辅助体操贯穿于学校的早操、课间操，机关、企业的工间操、生产操和军事训练的辅助操之中。基本体操是竞技性体操和团体操的基础，如在运动训练中所采用的辅助性体操、团体操中选用的大量内容，都来自基本体操。另外，医疗体操也属基本体操，它配合医疗要求，采用各种基本体操手段，促进机体功能的恢复和矫正，达到康复、健身的目的。

在今天，国家为贯彻落实全民健身计划，大力推广各项运动。基本体操作为主要内容之一，我们应对其作细致的研究，创编出更宜于普及推广的各种类型基本体操，这对进一步落实全民健身计划具有重要的现实意义。

第二节　基本体操的主要内容

基本体操是体操的基本内容之一，它包括队列队形、徒手体操、轻器械体操、专门器械体操，以及利用其他各种器械而进行的身体练习等多方面内容。目的是通过习操增强体质，增进健康，促进身体全面发展，提高身体的工作能力。基本体操的特点是动作简单、形式多样、内容丰富，可根据练习者的具体情况选择运用，易普及、好推广，具有广泛的群众性。在当前我国大力实施全民健身计划、提倡终身体育教育的同时，基本体操已成为各级各类学校体育教学的重要内容，也是各机关、厂矿、部队以及社会各阶层进行健身锻炼的良好手段。

第一章　基本体操概述

基本体操
JIBENTICAO

一、队列队形练习

队列队形包括原地动作和行进间动作,有图形行进、队形变换、散开和靠拢等。它是体育教学和军事训练中的主要内容和必要形式,也是体育教学的基本内容之一。在体育教学中运用队列队形练习,不但能合理地组织学生活动,有助于完成教学任务,而且它还是上好体育课和开展体育活动的重要基础。指挥队列队形操练的本领是体育教师必备的技能。

二、徒手体操

它是根据人体各部位的特点,做一系列徒手动作,以不同的方向、路线、幅度、频率和节奏,按照一定程序所组成的身体练习,包括单人动作和双人动作。它是体操中最基本的练习,动作简单,不受场地和器材条件的限制,易于普及,具有广泛的群众性,典型的是广播体操和生产操。坚持经常做徒手体操,可使头颈、四肢和躯干灵活,动作协调,对增强神经系统机能,促进血液循环,加速新陈代谢,消除疲劳,预防疾病,振奋精神,都有积极的作用。

三、轻器械体操

轻器械体操是在徒手体操的基础上,通过手持哑铃、实心球、体操棍、跳绳、火棒、沙袋等轻器械,充分利用器械特点进行的身体练习,以促进儿童、少年身体的正常发育、发展力量、灵敏、协调和弹跳能力。它是各级各类学校体操教学与锻炼的重要内容。

四、专门器械体操

专门器械体操是指利用肋木、爬绳(竿)、体操凳等进行的身体练习,常用的有肋木和爬绳(竿)。它的特点是让身体依附于器械上,通过各种方式的攀登和在器械上做各种动作练习,以增强肌肉力量、速度、柔韧性以及提高攀登能力,培养勇敢、坚毅等良好品质。专门器械体操常用于身体素质训练和课前的准备活动。

第三节　基本体操的作用

　　基本体操在中、小学体育教育中占有重要地位。基本体操能全面锻炼身体，是培养身体正确姿势的一种简单易行的教学内容。在体育教学中，徒手体操不仅可以作为准备活动，而且其本身就是重要的基本内容。应注意运用基本体操来培养学生的正确姿势，全面锻炼身体的各个部位，特别是对小肌肉群和关节、韧带的锻炼，以发展协调、柔韧等素质；在此基础上还可让学生手持哑铃、实心球、体操棍等轻器械进行练习，在身体各部位运动的基础上充分利用这些器械的特点，通过变化器械、改变练习强度、利用不同器械等，进行多种多样的变化练习，在发展力量及各关节灵活性、柔韧性、协调性等方面起到良好作用。

一、发展身体素质

　　通过必要的基本体操锻炼，可以提高身体素质。基本体操由于内容丰富，项目众多，锻炼身体的作用有所侧重，故在各项体育活动中，它对发展身体素质的效果较为明显。运用基本体操发展身体素质，练习者可以根据不同目的、任务以及各自的身体状况选择不同的内容。例如：为发展人体的柔韧性，可以选择柔韧性体操进行练习；为发展上肢力量，可以选择哑铃操进行各方位的练习。当然，也可以选择发展力量、灵敏素质等的其他基本体操练习。

二、改善机能状况

　　通过基本体操练习可以改善机能状况，增强适应能力。所谓机能，是指机体组织或器官等的活动能力。所谓适应能力，是指机体受到外界环境的影响后，在中枢神经系统支配下，不断自我调节，使机能处于正常稳定活动状态的能力。

　　长期进行体操练习，可以提高神经系统的调节能力。体操中的某些动作，要求人体具有较高的协调性、准确性，完成动作时的肌肉收缩过程比较复杂，这些都对支配和调节人体运动的神经系统提出了较高的要求，所以长期进行基本体操练习，可以提高神经系统的机能水平。

三、塑造健美形体

　　基本体操对形成健美的体型具有独特功效。基本体操中的许多内容是塑造

基 本 体 操

JIBENTICAO

健美体型的有效方法和手段。体型美的关键是肌肉发达、身材匀称、线条优美。并且,基本体操中的有氧体操练习及垫上体操练习不仅可以起到减肥的作用,而且对培养良好体态、纠正不良姿态具有重要作用。基本体操中的韵律体操、徒手体操、健美体操等,也都是训练良好体态的有效方法。

　　基本体操在各级学校中常以课间操的形式出现,它是学校生活制度的一项合理规定,是根据学生健康和学习需要的必要安排。课间操活动能使人体运动,促进大脑皮层的兴奋区域得到转移,从而得到更好的积极性的休息,可更快地消除疲劳。

　　基本体操被广泛地运用于中小学课外活动,它以作为准备活动和辅助体操的方式出现,对提高青少年和运动员一般身体训练水平起到了积极作用;对发展专项身体素质,以及学习某个动作,改进和提高体育项目技术,也起到促进作用。

第二章　队列队形练习

队列队形练习是学校体育教学的组成部分,也是部队、民兵军事训练以及大型体操表演的重要内容。通过队列队形练习,能促进学生身体的正常发育,形成正确的身体姿势,能培养学生严格的组织性纪律性和集体主义精神以及"团结、紧张、严肃、活泼"的优良作风。在体育教学中运用队列队形练习,能合理地组织学生活动,能有效地集中学生的注意力,有助于完成教学任务,提高教学质量。

第一节　队列队形练习的概念和基本术语

在队列队形教学中,为了教学的顺利进行,使学生更好地学会和正确地执行队列队形动作,首先应该告诉学生有关队列队形的概念和基本术语,使学生听到教师(指挥员)的口令后能立刻正确地完成动作。

一、队列队形练习的概念

队列练习——是指学生按照一定的队形做协同一致的动作。在体育教学中,队列练习原则上应遵照中国人民解放军《队列条令》来进行。

队形练习——是指在队列练习的基础上,根据教学的特点、任务和需要所作的各种队形和图形的变化。

从概念上说,队列练习和队形练习是有区别的。队列练习原则上必须严格按照中国人民解放军《队列条令》来进行,而队形练习则是在队列练习的基础上所作的各种队形和图形的变化。但是在实际运用中,队列练习和队形练习很难严格区别开来。队列练习中包含着基本的队形变化因素,如集合、解散、整齐、报数等都是以一定的队形作为前提的;而队形练习则是以队列动作为基础的:没有统一的队列动作,就不可能进行各种各样的协同一致的队形和图形变化。因此,队列练习和队形练习在学校的体育教学中是密切结合在一起的,是相辅相成的整体,要严格地将它们区分开来是不可能的。

队列队形练习是体育教学不可缺少的部分,是体育教学的基本手段之一。在体育教学中运用队列队形练习,不但能合理地组织学生活动,有助于完成教学任务,而且,它还是上好体育课和开展体育活动的重要基础。通过队列队形练习,能集中学生的注意力,为课堂教学内容的顺利进行创造良好的条件。在课堂教学的开始部分进行队列队形练习,能提高学生机体的反应能力,更好地为课堂教学内容的进行做准备。队列队形练习还有助于培养学生身体的正确姿势、韵律感、组织纪律性、集体主义观念和朝气蓬勃的精神。在准备活动中,根据准备部分的任务、内容和要求,通过各种不同方向及队形变化,形成更有利于做操的队形。合理而优美的队列队形练习,还可以给学生以美的教育和享受。在课堂教学内容的基本部分,合理的队形调动有利于教师更好地进行讲解、示范和组织学生进行练习,能在最短时间里组织学生从操场的一方到另一方,使课堂教学的进行更合理、更紧凑。在课堂教学内容的结束部分,队列队形练习可以帮助学生更快地恢复安静状态。因此,队列队形的教学和训练是提高体育教学质量的重要手段,每一个体育教师都应当熟练地掌握和运用队列队形练习。

二、队列队形的基本术语

1.列——学生左右并列成一排叫列。列是组成横队的要素。

2.横队——学生按列排成的队形叫横队。在指出横队数量时,叫"X列横队"。组成横队时,队形的宽度一定要大于(至少要等于)队形的纵深。

3.间隔——学生左右相隔的间隙叫间隔。

4.路——学生前后重叠成一行叫路。路是组成纵队的要素。

5.纵队——按路排成的队形叫纵队。在指出纵队数量时,叫"X路纵队"。组成纵队时,纵队队形的纵深一定要大于(至少要等于)队形的宽度。

6.距离——学生前后相隔的间隙叫距离。站成纵队(或二列以上横队)时,学生前后的距离(前一名脚跟至后一名脚尖)应为75厘米左右,以便于进行各种队列队形练习。

7.正面——队列中,学生所面向的一面叫正面。

8.后面——列队中,学生背向的一面叫后面。

9.翼——队列的两端叫"翼",左端叫左翼,右端叫右翼。

10.轴翼——多列横队或多路纵队行进变换方向时,处于转弯内侧的一翼叫"轴翼",另一翼叫"外翼"。左转弯或左后转弯走时,轴翼在左端;右转弯或右后转弯走时,轴翼在右端。

11.排头——位于纵队之首或横队右翼的学生(一个或数个)叫排头。

12.排尾——位于纵队之尾或横队左翼的学生(一个或数个)叫排尾。

13.基准学生——教师指定作为看齐目标的学生和以其行进方向为准的排

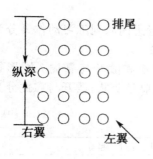

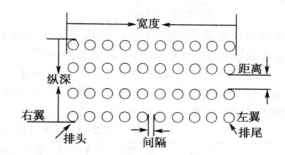

图 2-1 四路纵队　　　　　　　　　图 2-2 四列横队

头叫基准学生。例如：以右(左)翼即排头(尾)为基准,向右(左)看齐;以某某人为基准向中看齐。行进间一路纵队变二路纵队及其还原时,常以原排头为基准。

14.队形宽度——两翼之间的横宽叫队形宽度。

15.队形纵深——从第一名到最后一名或从第一列(站在最前面的学生)到最后一列(站在最后面的学生)的纵长叫队形纵深。

16.伍——二列横队中前后重叠的两个学生叫一伍;如果第一列最后的学生后面无人时,叫缺伍。二列横队向后转时,缺伍的学生应向前一步补入前列。

多列横队前后重叠的两人以上的数名学生叫"一小路";多路纵队中左右并列的数名学生叫"一小列"。

17.步幅——是指一步的长度,即后脚脚尖至前脚脚尖的距离或前后两脚平行的内侧间隔。

18.步速——是指每分钟行进的步数。

19.单步与复步——一步(单脚走一步)为单步,二步(两脚各走一步)为复步。

第二节　队列队形练习的分类及内容

一、队列队形练习的分类

根据教学的需要我们把队列队形进行合理的分类。

1.队列练习主要分为两大类:原地队列练习和行进间队列练习。原地队

基 本 体 操
JIBENTICAO

列练习动作又分为常用动作、原地转法和队列变换;行进间队列练习动作又分为步法及其变换、行进间转法、队列变换、转弯。(见表2-1)

2.队形练习主要分为三类:有图形行进、队形变换和散开与靠拢。图形行进又分为直线行进、斜线行进、曲线行进;队形变换主要是变队;散开与靠拢分为间距、梯形、弧形。(见表2-1)

表2-1 队列队形的分类

队列练习	原地队列动作	常用动作	立正、稍息、整齐、报数、集合、解散、蹲下、坐下、起立
		转法	向左(右)转、向后转、半面向左(右)转
		队列变换	1. 一列横队变二列横队及还原
			2. 一路纵队变二路纵队及还原
			3. 一列横队变三列横队及还原
			4. 二列横队变三列横队及还原
			5. 一列横队变二路纵队及还原
	行进间队列动作	步法及其变换	1. 齐步 2. 正步 3. 跑步 4. 便步
			5. 踏步 6. 移步 7. 立定
			8. 齐步与正步、齐步与跑步互换
		转法	1. 齐步、跑步向左(右)转走
			2. 齐步、跑步向后转走
		队列变换	1. 一列横队变二列横队及还原
			2. 一路纵队变二路纵队及还原
		转弯	1. 横队左(右)转弯走和左(右)后转弯走
			2. 纵队左(右)转弯走和左(右)后转弯走
队形练习	图形行进	直线	1. 绕场行进 2. 错肩行进
		斜线	1. 对角线行进 2. 交叉行进 3. 三角形行进
		曲线	1. 蛇形行进 2. 圆形行进 3. 螺旋形行进
			4. 绳圈形行进 5. "8"字形行进
	队形变换	变队	1. 裂队走、并队走
			2. 分队走、合队走
			3. 一路纵队变多路纵队及还原
	散开与靠拢	间距	要求间隔、距离的各种散开与靠拢
		梯形	梯形散开与靠拢
		弧形	弧形散开与靠拢

二、队列练习的内容

(一)原地动作

1.常用动作

(1)集合、解散

集合和解散是在体育教学和训练的开始和结束时常用的队列动作。集合有横队集合和纵队集合。教学、训练中一般采用横队集合。

①横队集合

口令:成一(X)列横队——集合!

要领:教师(指挥员)在发出上述口令前,应先发出预告或信号,如"全班(组)注意",也可用学生事先知道的特定哨声等作为信号,然后站到预定的集合队形中央前,面向预定的队形成立正姿势,再下达"成一(X)列横队——集合"的口令。当学生(练习者)听到预告或信号时,应立即停止一切其他活动,站在原地,面向教师(指挥员)成立正姿势。听到"集合"的口令后,应迅速跑步站到教师(指挥员)面前集合。凡在教师(指挥员)后面的学生,均应从教师右侧绕过,以免发生相互碰撞。第一名(基准学生)应首先跑到教师左前方适当位置,成立正姿势。其他学生应以第一名为准,依次向左排列,自行对正、看齐,成立正姿势。

②纵队集合

纵队集合有一路纵队集合、二路纵队集合和多路纵队集合等。

A.一路纵队集合

一路纵队集合队形有在教师(指挥员)正前方集合和在教师(指挥员)左前方集合两种。

a.在教师(指挥员)正前方集合

口令:成一路纵队——集合!

要领:教师(指挥员)在发出集合口令前的预告和动作要求,同横队集合前的预告和动作要求相同。当学生(练习者)听到"集合"的口令后,第一名(基准学生)应迅速跑到教师(指挥员)正前方适当位置,成立正姿势。其他学生(练习者)以第一名为准,依次向后重叠排列,自行对正,看齐,成立正姿势。

b.在教师(指挥员)左前方集合

口令:成一路纵队——集合!

要领:除第一名(基准学生)在教师(指挥员)左前方适当位置成立正姿势站好,其他学生(练习者)动作要领同上。

B.二路或多路纵队集合

基本体操
JIBENTICAO

口令:成 X 路纵队——集合!

要领:同上,但基准班(第一组)学生(练习者)应站在教师(指挥员)右前方适当位置,依次向后重叠成一路纵队站好,双数(第二组)学生(练习者)站在单数学生(练习者)的右侧,依次前后重叠成纵队。

③解散

口令:解散!

要领:全体学生听到口令后,迅速离开原位(如学生在稍息姿势时,听到口令应先立正,然后再迅速离开原位)。

教学步骤:

①边讲解边示范,同时令学生做动作。

②反复练习。解散后,指挥员跑到另一预定位置,下达集合口令。亦可以结合跳集体舞(找朋友)、做集体游戏(按教师指定人数"找同伴")等活动进行突然的集合练习。也可以采用恰当的评比、计算时间和竞赛等方法进行集合练习。

(2)立正、稍息

①立正

口令:立正!

要领:两脚跟靠拢并齐,两脚尖向外分开约 60°,两腿挺直,小腹微收,自然挺胸。上体正直,微向前倾。两肩要平,稍向后张。两臂自然下垂,手指并拢自然微屈,拇指尖贴于食指的第二节,中指贴于裤缝。头要正,颈要直,口要闭,下颌微收,两眼向前平视。

立正动作要领可归纳为:三挺、两收、两平。

三挺:(1)挺腿:两膝向后、向上用力,使两腿挺直。(2)挺胸:两肩稍向后张,胸自然挺出。(3)挺颈:颈有稍向上挺的感觉。

两收:(1)小腹微收。(2)下颌微收。

两平:(1)肩平:两臂自然下垂,肩部放松要平。(2)两眼向前平视。

立正时要精神振奋,态度严肃,姿态端正,挺立稳定而舒展。

②稍息

口令:稍息!

要领:左脚顺脚尖方向伸出约全脚的 2/3,两脚自然伸直,上体保持立正姿势,身体重心大部分落于右脚。稍息过久,可自行换脚。

稍息动作要领可以归纳为:移、提、伸。

移:移体重,体重大部分落于右脚。

提:左脚跟稍提起,但有微接触地面的感觉。

伸:脚掌轻轻擦地,迅速伸出全脚掌的三分之二。

教法提示：

①边讲解边示范，讲解要领要自下而上（从脚开始讲到腿、小腹……）的顺序进行，做到边讲解要领，边做好动作，示范动作要正确。

②按教师（指挥员）口令集体进行练习，并纠正动作。

③讲解稍息动作时，左脚顺脚尖方向伸出时，膝盖不能弯屈。

④稍息换脚时，要先立正，后换另脚成稍息姿势。

⑤让学生反复练习，体会立正、稍息的动作要领。

（3）整齐

整齐是使列队人员按规定的间隔、距离，保持行、列齐整的一种队列动作。整齐动作有四种，即向右看齐，向左看齐，向中看齐，向前看齐。前三种主要用于横队的整齐，第四种用于纵队的整齐。

①向右（左）看齐

口令：向右（左）看——齐！

　　　　向前——看！

要领：听到动令后，基准（排头或排尾）学生不动，其他学生同时向右（左）转头，眼睛看右（左）邻学生的腮部。迅速用碎步向前或向后调整位置，使眼光能通视全线。如多列横队时，后列学生先对正后看齐。

听到"向前——看"的口令，恢复立正姿势。

②向中看齐

口令：以×××为基准，向中看——齐！

　　　　向前——看！

要领：当教师（指挥员）发出"以×××为准"口令时，被指定为基准的学生，左手握拳高举过头，大臂前伸与肩略平，小臂垂直上举，拳心向右。听到"向中看齐"口令后，基准学生臂放下，其他学生按左、右看齐要领实施。

看齐完毕，仍应下达"向前——看"的口令，动作要领同上。

③向前看齐

口令：向前看——齐！

　　　　向前——看！

要领：听到动令后，基准学生（排头）不动，其余学生逐次看前面学生的后颈，并向前对正以看不到前面第二人的后颈，前后距离一臂（约75公分）。

看齐完毕，下达"向前——看"的口令。

教法提示：

①整齐动作由两个（一组）口令组成，看齐完毕，必须下"向前——看"的口令。新教师必须特别注意这一点。

②看齐时，身体应保持立正姿势，再向右（左）转头。如发现自己的位置不正，应立即用碎步调整（整齐时）。

③要让学生反复练习转头的正确动作,并按口令做到迅速一致。

④纠正动作时,教师(指挥员)跑步到排头右侧3~5步处,先将学生(练习者)的脚跟线纠正在一条直线上,再纠正胸线。如需要纠正第×名时,应指出:第×名(或×××)稍向前(后),挺胸,收小腹……被点到的学生(练习者)先喊"到",并迅速转头,再用小碎步按教师(指挥员)的指示调整身体位置。全班纠正完后,教师(指挥员)跑步回到指挥位置。为了让学生(练习者)熟悉看齐时的正确动作和身体方位,可反复下达"看齐"的口令。

(4)报数

口令:报数!

要领:听到口令后,横队从右至左、纵队由前向后,向左转头依次用短促洪亮的声音报数,最后一名不转头。数列横队时,后列最后一名报"满伍"或"缺×名"。

在教学中通常有按序数和指数两种报数。所谓序数报数,即照1,2,3,4,5,……的顺序报下去;指数报数就是按照指定的1—2,1—3,1—4……或按"1,3,5,7"或按"2,4,6报数"等重复报数。采用何种报数应根据组织教学的需要来决定。前一种是为了检查或了解全班或各组的人数。如需根据分组教学或散开的需要,则采用后一种报数。

教法提示:

①反复练习边转头边报数的动作。

②教师(指挥员)可令排头按"2"或"5"或"8"开始报数,使学生(练习者)在报不同的数字中反复练习准确的数数;也可按教学训练的不同需要练习,如:按"不动,3、6、9报数"等。

(5)踏步、立定

①踏步

口令:停止间口令:原地踏步——走!

行进间口令:踏步!

要领:停止间听到动令后,从左脚开始,两脚在原地上、下起落。抬起时,脚尖自然下垂,离地面约15公分;落下时,前脚掌先着地。上体保持正直,两臂按齐步摆臂的要领摆动。

行进间听到"踏步"的口令后,停止行进,两脚在原地上、下起落,要领同停止间踏步走。

踏步时,横队以右翼为准,向右标齐,纵队向前标齐。

②立定

口令:立——定!

要领:踏步时,听到"立定"的口令(动令落于右脚)后,左脚原地踏一步,脚尖稍向外,右脚向左脚靠拢,成立正姿势。

教法提示:

①边讲解边示范,先按齐步的摆臂动作要求练习摆臂,再配合两腿上、下起落练习。

②踏步动作时,上体应保持正直。反复练习原地踏步立定,然后按踏步——前进——踏步……立定的顺序进行练习。

2.原地转法

(1)向右(左)转

口令:向右(左)——转!

要领:听到动令后,以右(左)脚跟为轴,左(右)脚掌前部同时用力,使身体和脚一致向右(左)转90°,体重落在右(左)脚,左(右)脚迅速靠拢右(左)脚成立正姿势。转体和靠脚时,两腿挺直,上体保持立正姿势。

(2)向后转

口令:向后——转!

要领:听到动令后,以右脚跟为轴,右脚跟和左脚掌前部同时用力,使身体和脚一致地从右向后转180°,体重落在右脚,左脚迅速靠拢右脚,成立正姿势。转动和靠脚时,两腿挺直,上体保持立正姿势。

(3)半面向右(左)转

口令:半面向右(左)——转!

要领:听到口令后,按向右(左)转的动作要领转45°。

原地转法要求做到:①两快一停顿,即转体快,靠脚快。在转体和靠脚之间稍停顿。②体稳方向正,即身体不晃不扭,两腿挺直,转到预定方向时,两脚迅速定位,控制身体,对正新方向。③做原地转法时,两臂不得外张,靠脚时裆部要夹紧、腿要直。

教法提示:

①讲解示范后,即可进行分解练习。分解教学时的口令为"向左(右)转1——2"。听到"1"的口令时,按向左(右)转的要领转向新方向,但不靠脚。教师(指挥员)按动作要领纠正动作。听到"2"的口令后,后脚迅速向前脚靠拢,成立正姿势。

②慢动作练习。教师(指挥员)下达"慢动作练习,向左(右)——转"的口令后,学生(练习者)集体呼喊"1",同时按向左(右)转的要领转向新方向,但不靠脚;当呼喊"2",同时靠脚,成立正姿势。

③完整动作练习。即将几个不同方向的转体动作连接起来反复进行练习。

3.原地队列变换

(1)由一列横队变二列横队及还原

口令:成二列横队——走!

要领:先进行横队 1,2 报数,然后下达口令。听到口令后,单数学生不动,双数学生左脚退后一步,右脚经左脚右跨一步,左脚向右脚靠拢,站到单数学生后面,即按直角法完成,然后对正看齐,成二列横队(见图 2-3)。

用斜插法完成,听到口令后,单数学生不动,双数学生右脚向右后侧方跨一步,左脚向右脚靠拢,站到单数学生后面,然后对正看齐,成二列横队(见图 2-4)。

(2)二列横队还原成一列横队

口令:成一列横队——走!

要领:变换队形前,如间隔不够,应先间隔一步散开,然后再下达口令。听到口令后,单数学生不动,双数学生左脚向左一步,右脚经左脚向前一步,左脚向右脚靠拢,进到单数学生左侧,取好间隔看齐,成一列横队,即直角法还原。用斜插法完成,听到口令后,单数学生不动,双数学生左脚向左前方跨一步到单数学生的左侧,成一列横队。

动作要求:①变换队形时,上体始终保持立正姿势。②动作整齐,协调一致。

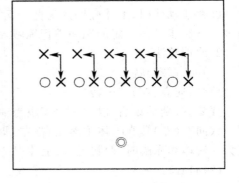

图 2-3 直角法

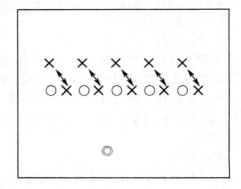

图 2-4 斜插法

教法提示:

①教师(指挥员)可用小黑板或挂图结合讲解。②用慢动作分解练习,并让学生(练习者)按动作节奏呼喊"1,2,3"(二拍法呼喊"1,2")。③为了使单数学生(练习者)也了解双数学生的动作做法,在双数学生(练习者)较好完成动作的基础上,令排头跑步到排尾,然后告诉学生(练习者)单、双数已换。听到口令后,原来单数学生做双数动作。

(3)由一列横队变三列横队及还原

口令:成三列横队——走!

要领：先按1,2,3报数,然后再下达口令。听到口令后,2数不动,1数左脚向左前上一步至2数前面,3数右脚向右后退一步至2数后面,自动对齐,成三列横队。

(4)由三列横队变一列横队

口令：成一列横队——走!

要领：听到口令后,2数不动,第一列(1数)学生右脚向右后退一步至第二列(2数)学生的右侧,第三列(3数)学生左脚向左前上一步至第2列(2数)学生的左侧,自动对齐,成一列横队。

教法提示：

①教师(指挥员)可用黑板或挂图结合讲解。

②在队形变换时,1数进到2数前面,3数退到2数后面。另外,一列横队变成二列横队的斜插变换方法相同,但也可用直角法完成以上两种的队列变换。

(5)由二列横队变成三列横队及还原

①由二列横队变成三列横队

口令：成三列横队——走!

要领：队形变换前,先令第二列退后一步,各列按1,2,3报数,然后下达口令。听到口令后,1数和3数不动,前列2数用"斜插法"直退到二列1数学生的中间,后列2数用"斜插法"直进到二列3数学生的中间,自动对齐,成三列横队。

②三列横队变成二列横队

口令：成二列横队——走!

要领：听到口令后,1数和3数不动,原第一列和第二列的2数按二列横队变三列横队的动作相反顺序进行。

动作要求：整齐,协同一致。

教法提示：

①教师(指挥员)在讲解时,最好用小黑板图示作配合。

②队形变换时,可令学生(练习者)按节拍呼喊"1,2,3"或"1,2",配合完成动作。

(6)由一路纵队变成二路纵队及还原

①一路纵队变成二路纵队

口令：成二路纵队——走!

要领：变换前先纵队按1,2报数。听到口令后,1数学生不动,2数学生右脚右跨一步,左脚向前一步,右脚并左脚,(直角法)进到单数右侧,也可用向右前斜插法进到单数学生的右侧,成二路纵队。

②二路纵队变成一路纵队

口令：成一路纵队——走!

要领：听到口令后,2数学生用直角法或斜插法退至1数后面,自动对齐,成

基 本 体 操
JIBENTICAO

一路纵队。

动作要求:整齐,协同一致。

教法提示:

①教师(指挥员)讲解后,先进行分解练习,让学生按动作节奏喊"1,2,3"或"1,2"时完成。

②练习时,要注意单、双数的轮换。

(7)一列横队变二路纵队及还原

①由一列横队变二路纵队

口令:成二路纵队——走!

要领:全体向右转,随之按一路纵队变二路纵队的要领去做。

②二路纵队成一列横队

口令:成一列横队——走!

要领:全体向左转,随之按二列横队变一列横队的要领去做。

动作要求:整齐、协同一致。

教法提示:

①教师讲解、示范后,用慢节奏分解练习。

②教师(指挥员)下达口令后,可用"四节拍"或"五节拍"的指挥方法来配合学生完成动作。

(8)蹲下、坐下、起立

①蹲下

口令:蹲下!

要领:听到口令后,右脚后退半步,臀部坐在右脚跟上,右手扶右膝,左小臂撑在左膝上。若蹲下时间较长,可以自行换脚。

②坐下

口令:坐下!

要领:听到口令后,左小腿在右小腿后交叉迅速坐下,两手放在两膝上。

蹲下和坐下,听到"起立"口令后,迅速起立恢复立正姿势。

(二)行进间动作

1.各种步法及其互换和立定

(1)齐步

口令:齐步——走!

要领:听到口令后,左脚(脚尖向正前方)迈出,在前方约75厘米处着地,身体重心前移,右脚照此法行进;上体正直微向前倾;手指轻轻握拢;两臂前后自然摆动,向前摆时小臂微向里合,手约与第 5 衣扣同高,并不超过衣扣线,离身体约 20 厘米,手心向内稍向下。行进速度每分钟 116～120 步。

动作要求:走直线,身体稳,摆臂自然。

①走直线,即:脚向正前方,两脚内侧在一条线上,不要走"八字"步。②身体稳,即:上体保持立正姿势,两眼平视正前方,步幅不能太小,不扭,不晃,保持平衡。③摆臂自然,即:肩关节放松,两臂自然伸直,以肩为轴前后摆动;前摆时微屈,稍向里合,不得以肘为轴,摆小臂。

教法提示:

①边讲解边示范。

②摆臂练习。口令:摆臂练习,1—2—停。听到"1"的口令,按要领摆到位(右臂在前),听到"2"的口令换摆臂,然后按"1—2"口令重复摆动,听到"停"的口令,两臂放下。

③完整动作练习。

④步速、步幅练习。在场地上按 75 厘米宽打格子,用秒表计时间或用节拍器等进行练习。

(2)正步

口令:正步——走!

要领:左脚(向正前方)踢出(腿要绷直,脚尖下压,脚掌与地面平行,离地面约 20 厘米),约在 75 厘米处适当用力使全脚掌着地,体重前移,右脚照此法行进;上体正直,微向前倾;手指轻轻握拢(同齐步);向前摆时,肘部弯曲,小臂略平,手腕摆到第三、四衣扣之间,离身体约 15 厘米,手心向内稍向下。向后摆时,摆到不能自然摆动为止。行进速度每分钟约 116 步。

动作要领可归纳为:踢、绷、摆、跟。①踢:稍提胯,小腿带大腿迅速踢出。②绷:绷脚背,压膝盖使腿绷直。③摆:摆臂时,向前摆过垂直线时,边摆边折臂(向前、向内、向上快折臂);向后摆时,向下、向外、向正后,到不能自然摆动为止;脚着地臂不动,踢腿同时摆臂。④跟:身体前跟,脚适当用力着地。

教法提示:

①原地摆臂练习。口令:正步走,原地摆臂 1—2,……停。练习方法:听到"原地摆臂 1"口令后,全体学生(练习者)按正步走摆臂要领,右臂前摆,左臂后摆,教师(指挥员)逐个纠正摆臂动作。听到"2"口令时,学生(练习者)按摆臂要领两臂交换摆动,教师(指挥员)再逐个纠正摆臂动作。听到"停"口令时(右臂在前时喊"停"),两臂放下成立正姿势。

②脚步动作练习

一步二动练习:

口令:一步二动,正步——走 1—2……停。

练习方法:

基本体操
JIBENTICAO

预备姿势：上体正直,两手十指交叉,掌心贴紧小腹部,两肘向后并向上提,自然挺胸。或两臂背后,两手互握前臂,自然挺胸。

动作方法：听到"1"的口令后,按正步动作要领踢出左脚(在空中控制定位),上体正直。听到"2"的口令后,左脚按正步动作要领着地,重心随即移至左脚上,右脚顺势跟上,右脚尖在左脚跟附近轻轻点地。再听到"1"的口令时,右脚踢出。依照此法,反复练习腿部动作。听到"停"的口令时,左脚向前大半步着地,脚尖稍向外,两腿挺直,右脚取捷径迅速向左脚靠拢,同时两臂放下,成立正姿势。

一步一动练习：

口令：一步一动,正步——走 1—2……停。

动作方法：听到"1"的口令后,按正步动作要领踢出右脚。听到"2"的口令时,左脚着地,重心随即移至左脚上,右脚顺势跟上,当右脚尖靠近左脚跟时,用力向前踢出并在空中控制定位。依照此法,反复练习腿部动作。

③臂腿配合练习。方法：听到"1"的口令后左脚向前踢出,并在空中定位控制。同时,右臂前摆,左臂后摆,两臂定位控制,上体正直。听到"2"的口令时,左脚着地,右脚前踢,两臂交换摆动。依照此法,反复练习臂腿配合。

④慢正步练习。按正步走动作要领,用慢口令做,逐步进入正常的速度练习。

(3)便步

口令：便步——走!

要领：听到口令,用适当的步速、步幅行进,两臂自然摆动,上体保持良好姿势。走步比较轻松,不一定要求步法整齐。便步用于行军、操练后的恢复体力等。

(4)跑步

口令：跑步——走!

要领：听到预令时,两手迅速握拳提到腰际,拳心向内,肘部稍向里合;听到动令,上体微向前倾,两腿微屈,同时左脚利用右脚掌的弹力跃出约80厘米,前脚掌着地体重前移,右脚照新法行进;两臂自然摆动,前摆不露肘,小臂略平,稍向里合,拳不超过衣扣线;后摆不露手。行进速度每分钟约180步。

跑步动作要领可归纳为：握拳快提起,屈腿倾上体;前脚掌着地,弹跃交替行;摆臂两不露,靠脚同放手。

教法提示：

①摆臂练习。口令：摆臂练习、跑步、1,2,……停。听到"跑步"的口令,两手迅速握拳提至于腰际,听到"1"的口令按摆臂动作摆到位;听到"2"的口令换摆臂;听到"停"的口令,将手放下成立正姿势。

②完整动作练习。

③步速步幅练习。

(5)立定

口令:立——定(动令落在右脚)!

要领:听到口令后,齐步和正步都是左脚向前大半步,两腿挺直,右脚向左脚靠拢成立正姿势。跑步时,听到口令后,继续向前跑两步,左脚向前大半步,同时两臂收回腰际,右脚向左脚靠拢,同时臂放下成立正姿势。

教法提示:

①边讲解边示范。

②分解动作练习。口令:立定练习,三(五)步一靠。齐步、正步的立定,用三步一靠的练习方法进行,共二拍完成,跑步的立定,用五步一靠的方法进行,共四拍完成。

③完整动作练习。开始练习时,速度应慢一些,尔后过渡到应有的步速。

(6)步法互换

步法互换的动令均落在右脚,从左脚开始变换。

①齐步换跑步:听到预令时,两手迅速握拳提到腰际,两臂自然摆动,听到动令时,即从左脚开始换跑步行进。

②跑步换齐步:听到口令后,继续跑两步再从左脚开始换齐步行进。

教法提示:

①在各种步法的行进及互换的组织教学中,可采用多种方法和形式,使学生集中注意力,振奋精神,提高教学效果。

②在行进及步法互换时,可带领学生呼"1,2,3,4"或口号。

③以小组为单位,由组长指挥以某种步法行进,同时呼数或口号通过规定距离。先由教师指挥作示范性操练后,分小组由组长指挥进行练习,然后进行小组比赛。

2.移动

(1)前、后移动

口令:向前×(单数)步——走!

要领:听到口令后,向前按照齐步走的要领,向前几步走,不摆臂行进到指定的步数停止。

口令:后退×步——走!

要领:向后退时,从左脚开始,每退一步并脚一次,不摆臂,退到指定步数停止。

(2)左、右移动

口令:向左(右)跨×步——走!

要领:听到口令后,向左(右)跨步,上体保持正直,每跨一步并一次脚,步幅约与肩同宽,跨到指定的步数停止。

3.行进间转法

第二章 队列队形练习

基本体操
JIBENTICAO

（1）齐步行进中向左（右）转走

口令：向左（右）转——走（动令落在左（右）脚上）！

要领：听到动令后，右（左）脚向前半步，脚尖稍向左（右）（重心大部在前脚），身体向左（右）转 90°（两脚不移动），同时出左（右）脚，向新的方向行进。

（2）齐步行进中向后转走

口令：向后转——走（动令落在右脚上）！

要领：听到动令后，左脚向前半步，脚尖稍向右，以两脚的前脚掌为轴，向右转体 180°，出左脚向新的方向行进。转体时上体正直，两腿挺直，两臂自然摆动，不得外张。

动作要求：向右（左）转走时，向前半步不要过大，转体时上体正直，两脚不得移动。转体、出脚、摆臂动作要一致。

教法提示：

①边讲解边示范。慢动作示范。

②分解动作练习：a.齐步向右（左）转走可分为两个动作完成。当听到"走"的口令时，随即喊"1"、左（右）脚向前半步；听到"2"的口令时，身体向右（左）转 90°，同时出右（左）脚，按原步法向新的方向行进。b.齐步向后转走可分为三个动作完成。听到"走"的口令后随即喊"1"，左脚向前半步，脚尖稍向右；听到"2"的口令时，以两脚的前脚掌为轴，身体向右转 180°；听到"3"的口令时，出左脚按原步法向新方向行进。

③完整动作练习。练习时步速由慢到快。

（3）跑步向右（左）转走

口令：向右（左）转——走（动令落在右（左）脚上）！

要领：听到口令后，继续跑两步，左（右）脚再向前跑半步，脚尖稍向右（左），身体向右（左）转 90°（两脚不移动），同时出右（左）脚，按原步法向新方向行进。

（4）跑步向后转走

口令：向后转——走（动令落在右脚上）！

要领：听到口令后，继续跑两步，左脚向右脚前跑半步，脚尖稍向右，以两脚的前脚掌为轴，从右向后转体 180°（体重大部在右脚），出左脚按原步法向新方向行进。转体时，两臂自然摆动不得外张。

动作要求：向前跑半步不要过大，转体时上体正直，两脚不得移动。转体、出脚、摆臂动作要一致。

教法提示：

①边讲解边示范。可用慢动作示范。

②分解动作练习：a.跑步向右（左）转走可分为四个动作完成。听到"走"的

口令时,随即喊"1,2",就是继续跑两步,当听到"3"的口令时,左(右)脚向右(左)脚前跑半步,脚尖稍向右(左);听到"4"的口令时,以两脚的前脚掌为轴,身体向右(左)转90°,同时出右(左)脚,按原步法向新的方向行进。b.跑步向后转走可为五个动作完成。当听到"5"的口令时,出左脚按原步法向新方向行进。

③完整动作练习。

(5)纵队方向变换:有左(右)转弯走和左(右)后转弯走

口令:左(右)转弯——走!或左(右)后转弯——走!

动作要领:听到动令后,基准学生用小步边行进边变换方向,向左(右)转到90°(或转到180°)后照直行进;其余学生逐次行进到基准学生转弯处,转向新的方向跟进。

纵队方向变换时,要求做到:(1)变换方向要正,行进时保持规定的距离、其余学生应确实进到基准学生的转弯处,自然摆臂转向新方向,不要走捷径或转弯过大。(2)多路纵队转弯时,外翼至轴翼学生步幅依次减小,小到要标齐并保持规定的间隔、距离。

教法提示:

①必要时,可在转弯处放置标记物进行练习。

②按照"左转弯走"、"左后转弯走"、"右转弯走"的顺序,做一遍即可回到原位的动作顺序练习。

(6)横队方向变换

口令:左(右)转弯——走!

动作要领:听到动令后,轴翼学生逐渐向左(右)转动,并与外翼学生动作相协调,其余学生以轴翼学生为准,内翼用小步,外翼用大步,成"关门式"转到90°后踏步,然后听口令,立定或前进。

横队方向变换时,要求做到:(1)转弯时不要转头,用眼睛的余光瞟齐排面。(2)两臂前后自然摆动,并保持规定的间隔。

教学方法提示:

①边讲解边用手势作示范。

②必要时可令学生两手扶两侧同伴腰背部进行练习。

③按照"右转弯走"、"前进"、"向后转走"、"左转弯走"、"立定"的顺序做一遍即可回到原位的动作进行练习。

4.行进间队列变化

(1)行进间一列横队变二列横队

口令:成二列横队——走(动令落在左脚上)!

要领:听到动令,单数学生继续前进,双数学生原地踏两步,第三步进到单数学生的后面,并随之前进。

(2)行进间二列横队变一列横队

基 本 体 操
JIBENTICAO

口令:成一列横队——走(动令落在左脚上)!

要领:先要有两步间隔。听到动令,单数学生原地踏脚两步,同时双数学生左脚向左跨一步,右脚经左脚向前一步,进到单数学生左侧,随即全体继续前进。

动作要求:排面整齐,动作协同一致。

教法提示:

①讲解、示范后,可用原地踏步法进行练习。听到"成二列横队——走"的口令后,单数学生(练习者)向前走两步,再原地踏步;双数学生(练习者)先原地踏两步,第三拍时,右脚向右跨一步进到单数后面,再原地踏步。动作完成后,教师(指挥员)即可下达"立——定"的口令。由二列横队变成一列横队时,也可用踏步法过渡。

②在练习过程中,教师(指挥员)或学生(练习者)可结合呼数完成动作。

③教师(指挥员)的动令落点必须准确。

(3)一路纵队变成二路纵队

口令:成二路纵队——走(动令落在右脚)!

要领:报数后,分单数、双数,然后下达口令。听到口令后有两种做法:

A.单数学生(练习者)用小步继续前进;双数学生伸右脚,取捷径行进到单数学生右侧,边行进,边调整好间隔和距离,然后恢复原步法前进。

B.动令落于左脚。听到动令后,单数学生(练习者)原地踏两步,双数学生(练习者)用向右前直角法或斜插法行进到单数学生(练习者)右侧,并继续前进。

(4)二路纵队变成一路纵队

口令:成一路纵队——走!

要领:二路纵队变成一路纵队时,做法分两种:

A.听到口令后,左路(基准)学生(练习者)继续前进,逐步拉开前后距离;右路学生(练习者)用小步行进,待左路学生(练习者)留出双数(右路)学生(练习者)能插入的空隙后,双数学生(练习者)向左插到单数学生(练习者)后面,边行进,边调整好距离。

B.纵队行进时,前后必须保持两步距离。听到口令后(动令落于左脚),单数学生(练习者)继续前进;双数学生(练习者)右脚原地踏一步,第二步(左脚)向左前取捷径行进到单数学生(练习者)后面,成一路纵队继续前进。

教法提示:

行进间一路纵队变成二路纵队及还原的做法中,目前我国大多数教材采用第一种做法,但是它与行进间一列横队变成二列横队及还原的动作方法完全不一致。为了使行进间动作的队形变化在做法上得到统一,我们认为行进间一路纵队变成二路纵队及还原的做法还是采用第二种方法为宜,以便横队与纵队的变换方法达到统一。

二、队形练习

虽然队形练习是在队列练习基础上进行的,但由于队形练习内容丰富、形式多样,可进一步提高学生学习兴趣,集中注意力,振奋精神,增强集体观念,从而能有效地达到锻炼身体、完成任务的目的。在体育教学中贯彻队形练习,只是一般地将散开和靠拢用于准备部分的操练及某些项目的讲解示范与组织教学。其实图形练习队形变化根据一些教材内容及其任务,同样可以用于课的各个部分的组织教学。例如:可用于定时、定距离的跑步、运球、舞蹈等内容的教学。在图形变化的行进中还可以加做各种形式的走、跑、徒手等练习。

(一)队形练习的场地和假定标记

进行队形练习场地大小没有统一的要求和规定。为使练习方便,通常只要有一块平坦的场地(如篮球场)就可以。但为了使图形行进和队形变换正确进行,最好有一块长方形的场地,并在场地上假定出各种标记(见图 2 – 5)。

假定标记的名称如下:

线:上端线、下端线、左边线、右边线。

角:左上角、右上角、左下角、右下角。

点:正中点、上中点、下中点、左中点、右中点。

(二)队形练习的内容

1.图形行进

图形行进与场地边线的关系来讲,可分为三种方向行进,并且在这三种方向上各可做出不同的图形行进。

(1)直线行进

①绕场行进(见图 2 – 6)

口令:绕场行进——走!

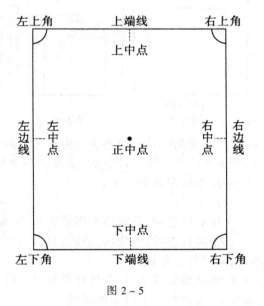

图 2 – 5

要领:全队在教师规定的场地边线行进。每到一角,排头带领自行转弯。

绕场行进,要求队伍经转弯处尽量保持直角,不能抄捷径走成弧形缩小范围,造成队伍拥挤。必要时,可在转弯处放置标记物使队伍绕过。

②错肩行进,即纵队迎面相遇时,有三种做法。

口令:从左(右)边——走!(见图2-7、图2-8)

要领:两路迎面相遇时,即下达口令。听到口令后,各路学生(练习者)向前进方向的左边行进(错右肩),两个纵队间隔为一步。两个二路纵队迎面相遇时,口令和动作要领相同。

口令:一路隔一路从左(右)边——走!(见图2-9)

要领:两个二路纵队迎面相遇时,即下达口令。听到口令后,各路纵队一队隔一队,向前进方向的左(右)边,错右(左)肩行进。各路纵队间隔为1米。

口令:从里边——走或从外边——走!(见图2-10)

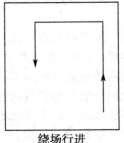

绕场行进
图2-6

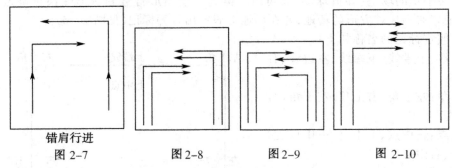

错肩行进			
图2-7	图2-8	图2-9	图2-10

要领:教师(指挥员)要事先指明哪二路为基准。当两个二路纵队迎面相遇时,即下达口令。听到口令后,基准二路学生(练习者)按口令从里边(外边)行进。各路纵队间隔为一步。

教法提示:

①错肩行进时,从左边走则错右肩,从右边走则错左肩。

②错肩行进时,与分队、裂队、并队、合队走结合起来进行,可使练习内容更丰富,队形更多样化。

③纵队路数越多,口令就越要相应提前。特别是两个多路纵队相遇时,教师(指挥员)要把握好下口令的时机。

(2)斜线行进

①对角线行进(见图2-11)

口令:沿对角线——走!

要领:纵队行进至场地一角时,即下达口令。听到口令后,排头改变行进方向,向左(右)转135°。向场地对角前进。后续学生(练习者)到排头转弯处转变,跟随前进。在沿对角线行进中,队形的路线为"Z"形,不要走成"△"形(见图2-11)。

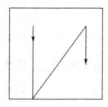 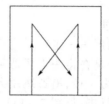

图2-11　　　　　　　　　　　　图2-12

②交叉行进(见图2-12)

口令:(成)交叉——走!

要领:教师(指挥员)首先要确定哪个纵队为基准队,然后在各纵队走近一角时下达"沿对角线走"的口令。听到口令后,各路纵队按沿对角线走的要领行进。当两个纵队的排头在正中点快相遇时,教师(指挥员)再下达"交叉——走"的口令。通过正中点时,基准路学生(练习者)在前,依次一个隔一个交叉行进。各路行进至相对一角时,教师(指挥员)要下达"向内(外),左(右)转弯走"的口令。

(3)曲线行进

①蛇形行进(见图2-13)

口令:成蛇形——走!

要领:当纵队行进至一角时,下达口令。听到口令后,排头左后转弯走。后续学生到排头转弯处依次左后转弯,跟随前进。当排头行进至边线时,再右后转弯前进,左右间隔1米。按以上方法完成两次以上曲线时,即成蛇形行进。

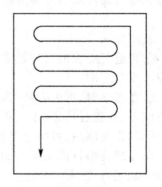

图2-13

教法提示:

①在行进过程中,如果需停止蛇形练习或改变图形,只要在行进中下达"照直前进"的口令。学生(练习者)听到口令后,按直方向行进,教师(指挥员)再按需要发出下一口令。

②教师指挥位置要随着蛇形的形成逐步后退,以便随时纠正蛇形曲线。

③可先由教师带着走,然后让学生听口令练习。待熟练后,可用跑步方法练

习。

④因教学需要将蛇形曲线缩短时,教师可用左(右)后转弯走的口令使曲线缩短。

②圆形行进

口令:成圆形——走!

要领:口令是在排头走场地某边中点时发出。听到口令后,排头以该中点至场中点的距离为半径,沿弧线用大步走成圆形。

③螺旋形行进(见图2-14)

口令:成开(闭)口螺旋形——走!

要领:排头循圆周向内做螺旋形行进到场地中心,排头自行向右后转向相反的方向,由内向外成螺旋形走出来。其他学生依次由场地中心,跟随排头走出来(见图2-14右小图)。成闭口螺旋形走:当排头旋绕至场地中心时,教师应发"立定和向后转"的口令,全体向后转,由原排

闭口螺旋形

开口螺旋形

图 2 - 14

尾带领按教师指示的方向继续前进。做开口螺旋形走时,应注意保持一定的间隔。

教法提示:

①在进行螺旋形行进教学中,螺旋形的大小应以学生(练习者)人数而定,一般应不少于三圈。

②在教学时,可由教师(指挥员)先充任排头领做一遍,然后让学生(练习者)进行练习,或通过挂图(小黑板)讲解后再练习,效果较好。

③动作熟练后,可结合跑步等动作进行练习。

④在螺旋形行进反向绕出时,教师应根据排头行进情况及时下达"照直前进"或"绕场行进"等口令。

④绳圈形行进

a.开口绳圈形行进(见图2-15)

口令:成开口绳圈形——走!

要领:纵队绕场行进,排头接近一角时,下达口令。

听到口令后,排头随即左(右)转弯,接着再向左(右)

转弯走成"U"字形,至上(下)端线时左转弯,整个队形走成绳圈状。

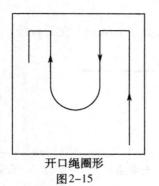

开口绳圈形
图2-15

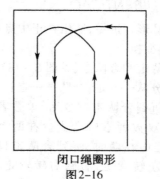

闭口绳圈形
图2-16

b.闭口绳圈形行进(见图2-16)

口令:成闭口绳圈形——走!

要领:纵队绕场行进,排头接近一角时,下达口令。听到口令后,排头渐向左(右)转弯走,并逐渐向左(右)走成弧形。当排头经过教师左(右)侧后,接"U"形队形行进;当排头行进至教师右(左)侧后,再向左(右)走至弧形,一个隔一个交叉前进。

教法提示:

①开口绳圈形行进时,是按图2-15的路线行进。

②闭口绳圈形行进时,只顺一个方向行进。

③如果因教学需要或人数较少须在半个场地进行绳圈形行进时,教师(指挥员)指挥位置及下达口令的时机要适当调整,指挥位置以站在交叉点为好。

④教师(指挥员)带着走,然后学生(练习者)按口令进行。熟练后,可以用跑步方法进行练习。

⑤"8"字形行进(见图2-17)

口令:成"8"字形——走!

要领:练习前要先指明所通过地点(一般是场中点),按"8"字形沿弧线走两个相连的圆形。排头通过场中点时,依次交叉通过。

教法提示:

①可以在场地上划好"8"字形后,让学生循着"8"字形走;也可以在教师带领下走"8"字形,然后让排头带着走"8"字形。

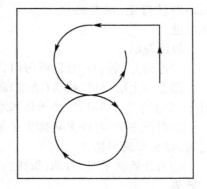

图2-17 "8"字形行进

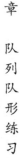

第二章 队列队形练习

②在"8"形行进中,队伍在正中点相遇时,要一个隔一个交叉行进。

2.队形变换

(1)分队走和合队走(见图2-18)

口令:分队——走,合队——走!

要领:听到分队走口令后,单数者左转弯走,双数者右转弯走。在两个纵队接近迎面相遇时,听到合队走口令后,左路左转弯走,右路右转弯走,右路依次插在左路后面,成一路纵队前进。

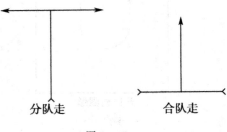

分队走　　　　合队走

图2-18

(2)裂队走和并队走(见图2-19)

口令:裂队——走,并队——走!

要领:听到裂队走口令后,左路左转弯走,右路右转弯走。在两个纵队接近迎面相遇时,听到并队走口令后,左路左转弯走,右路右转弯走,成并列纵队前进。

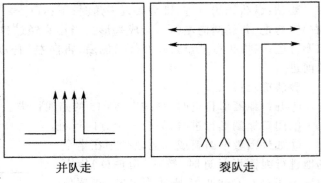

并队走　　　　裂队走

图2-19

教法提示:

①进行分、裂、并、合队练习时,教师(指挥员)的指挥位置要固定。

②在以上练习中,排头(基准)起着十分重要的作用。一般地说,排头动作做对了,后面学生(练习者)的动作基本上不会错。

③在行进中,各路纵队排头必须标齐。分队走时,排头的步速要减慢。合队走时,排头步速要稍快。

④在开始教学时,教师(指挥员)最好用小黑板或挂图结合讲解,以便收到较好效果。

⑤动作比较熟练后,教师(指挥员)可令学生(练习者)跑步完成以上练习。

(3)行进间由一路纵队变成多路纵队及还原(见图2-20)

口令:成(×)路纵队左转弯——走!(以成四路纵队为例)成一路纵队右转弯——走!

要领:纵队行进时,听到动令后,前4(×)名学生(练习者)按向左(右)转走的动作要领,向新方向用小步行进。后续学生(练习者)走到前4名学生(练习者)转弯处,用同样方法转弯,并跟随前进。当听到口令成一路纵队右转弯走时,第一排学生(练习者)按向左(右)转走的要领,变成一路纵队并用较快步伐前进。后续学生(练习者)走到第一排学生转弯处,用同样转法跟随前进。

教法提示:

①为了使队形变换时基准学生(练习者)不变和队形还原时保持原来队形,使用变换队形口令要注意:如果先用向左成四路纵队,还原成一路纵

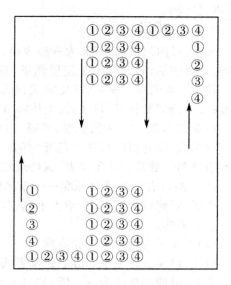

图 2-20 一路纵队变成多路纵

队时,一定要用向右成一路纵队口令,才能使队形还原成原来的一路纵队。

3.疏散与密集

散开和靠拢是用各种步法和动作所做的多种疏散和密集的方法。它主要用于准备活动的操练,以及某些项目内容的组织教学。在做准备活动时,根据队伍所处的场地位置来指定基准学生,视其练习动作和持轻器械等需要,确定散开的间隔与距离。总之,要以便于学生安全、舒畅地做动作为原则。散开和靠拢时,要求动作准确、迅速,队形整齐。

(1)以右(左)翼为基准散开和靠拢。

口令1:以右(左)翼为基准,间隔、距离各两臂——散开!(见图2-21)

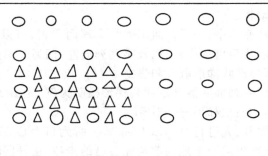

图 2-21

要领:以四列横队,右翼为基准为例。听到口令后,基准学生(第一列排头)不动,左臂侧举,后各列排头左臂侧举、右臂前举(手离前面排头稍大于一臂距离);其余学生两臂侧举(两学生指尖相隔约5厘米),迅速散开到达预定位置,对正看齐。听到"臂放下"口令后,全体将臂放下成立正姿势。

口令2:以右(左)翼为基准,间隔、距离各两步——散开!

要领:以四列横队右翼为基准为例。听到口令后,基准学生不动,其余学生迅速边目测边散开至预定位置,保持规定的间隔、距离,对正看齐后成立正姿势。

口令3:以右(左)翼为基准——靠拢!

要领:听到口令后,基准学生不动,其余学生迅速向基准学生靠拢,自动看齐后成立正姿势。

(2)以××为基准散开和靠拢

口令:以××为基准,间隔、距离各两步——散开!

要领:以四列横队为例。听到"以××为基准"时,被指定为基准的学生左手握拳高举过头,听到"散开"口令后,手放下成立正姿势,同时其余学生迅速散开至预定位置,并取好间隔、距离,对正看齐后成立正姿势。

听到"以××为基准——靠拢"口令后,基准学生举起左拳,听到"靠拢"时放下,其余学生闻声速向基准学生靠拢,自行对正看齐后成立正姿势。

散开和靠拢时采用什么步法,可根据学生水平、教学需要选定。口令中没有指明什么步法时,学生就用便步迅速散开和靠拢;如果口令中指明某种步法时,学生必须用规定的步法正确、迅速地散开或靠拢。散开和靠拢的步法,除了一般采用便步、侧并步和跑步外,根据学生水平亦可运用跑跳步、踏跳步和跑马步等舞步动作。

在教学中,为了使组织教学合理而严密,可以在边进行中边散开,亦可以只做间隔或距离的靠拢,以及某两列向左,而另外两列向右靠拢等。

(3)横队梯形散开和靠拢

以一列横队散开成四列梯形横队为例(见图2-22)。

口令:成梯形——散开!

要领:先进行"1,3,5,7"报数。听到口令后,学生按照报1,3,5,7的先后顺序,依次每隔两步地向前走完自己的步数,正好同时立定成散开后的四列梯形横队。

听到"靠拢"的口令后,全体向后转,按照散开的方法向前走步靠拢,同时立定向后转成一列横队。

(4)弧形散开和靠拢(见图2-23)

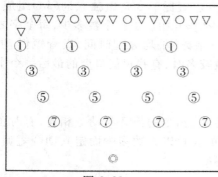
图 2-22

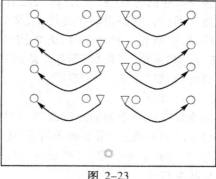
图 2-23

口令:间隔两步向前弧形——散开!

要领:如四路纵队距离不够,先要进行距离两步散开。听到口令后,外边两路学生不动,中间二路和三路学生,前1—6拍经前向外弧形绕过临近的学生走到规定位置,后7、8两拍向后转成散开队形。

听到"弧形——靠拢!"的口令,原二路和三路学生,按照散开的方法向中走回到原位。

如做向后弧形散开时,其方法与向前弧形散开相同,但方向和动作顺序相反。

第三节 队列队形练习的组织与教学

队列动作是队列队形的基础,是队列队形的教学重点。在进行队列动作教学时,应把原地常用的队列动作、行进间各种步法,以及原地和行进间的转法列为教学重点。操练时,必须按照中国人民解放军队列条令的规定,从严要求。

一、口令的种类及下达口令的基本方法

(一)口令的种类

口令是队列队形练习时,指挥员下达的口头命令。根据下达方法的不同,一般分为短促、连续、断续和复合四种口令。

1.短促口令

这种口令的特点是:只有动令,没有预令。短促口令是由独立词(句)组成,这个独立词(句)既说明动作的性质,又命令动作开始。不管字数多少,每个字之间不停顿,不拖音。发口令时,通常按音节(字数)平均分配时间,发音短促、洪亮、有力,如"稍息"、"报数"等等。队列人数较多时,有些短促口令的最后一个字音可稍拉长,如"立正——"等等。

2.连续口令

连续口令由预令和动令组成,它的特点是:预令的拖音与动令相连,有时预令和动令之间有微歇,预令拖音稍长(拖音的长短以人数多少而定),动令短促、洪亮有力。如"立——定"、"向后——转"等等。

3.断续口令

断续口令也是由预令和动令组成,它的特点是:预令和动令之间有停顿,预令后面不拖音,动令短促有力。如"第×名,出列"等等。

4.复合口令

复合口令兼有连续口令和断续口令的特点。它的预令由前后两个部分组成。预令的前部分不拖音,有断续口令特点,如"左后转弯,齐步——走"的口令中,"左后转弯"四个字不拖音。预令的后部分一般都带有拖音,并与动令相连,有连续口令的特点。如"齐步——走"等。

(二)下达口令的基本方法

教师(指挥员)的口令是指挥学生(练习者)协同一致动作的命令,它具有很强的感染力。不同的情绪,如精神振奋、急躁、发怒、萎靡不振等等,都会通过口令体现出来。因此,口令具有很强的艺术性,每个教师(指挥员)都必须使自己的口令达到规范的要求。口令应该充满生气、准确、清晰、洪亮。

下达口令的基本方法如下:

(1)发音的部位要正确

发短促口令时,一般多用胸音(即胸隔膜音),而发带拖音的口令时,一般都用由小腹向上提气的腹音。发口令时,要使发音器产生共鸣,要避免发喉底音。

(2)预令要清晰、洪亮、悠长

清晰、洪亮、悠长的预令能使学生(练习者)听清楚动作的内容,充分了解教师(指挥员)的意图,做好完成动作的准备。如"跑步——走"的口令,当教师(指挥员)发出"跑步"的预令时,学生(练习者)都能清楚地知道动作的内容,并做好跑步的准备姿势。预令最忌吐字不清,含糊的预令会使学生(练习者)无法理解教师(指挥员)的意图,当然也就无法做出统一的、协同一致的动作。有预、动令的动作,预令应该稍长,使学生(练习者)有一个动作前的准备。

（3）动令要短促、洪亮、果断

动令是动作开始的命令。动令应以不容置疑的,必须遵照执行的语调下达。动令一下,必须按要求开始做动作。

预令和动令之间微歇时间的长短要根据具体情况而定。一般地说,人数越多,微歇时间相对要长些,反之则短。行进间动作的动令落点一定要准确,这是队列口令的难点。作为教师(指挥员),必须根据不同情况总结其规律,如"立定"动令的落点:在齐步、正步、踏步中,用"左起右落",即预令落在左脚上,动令落在右脚上;在跑步中,用"右起右落",即预令落在右脚上,左脚向前跑一步后,当右脚再落地时喊动令,等等。

（4）口令的音色、音量要有起伏,口令要有节奏

喊口令时,音色、音量不要平均分配,口令的呼喊要抑扬顿挫。一般地说,口令的起音稍低,逐步向高拔音。如:"立正"的"正",发音要高;"向右看——齐"的"齐",发音要高。最后一个音要有向脑门上"冲"的感觉。在下达口令时,要注意预令、动令和微歇有明显的节奏。这样的口令才会有精神,才会有感染力。

（5）下达口令时要突出方向和数字等主音

在下达口令时,为了使学生(练习者)清楚地了解教师(指挥员)的意图,能准确地完成动作,要把表示动作性质的方向、数字等的字音量加大。如:"跑步——走"的"跑"字,"向后——转"的"后"字,"向前四步——走"的"四"字等等。

（6）行进间动作的口令下达方法

行进间动作的口令下达,除了向左转走,一列横队变成二列横队和分列式时的齐、正步互换动作的动令落在左脚上外,其余动作的动令都落在右脚上。掌握好这一规律,对行进间队列队形练习口令的准确下达十分重要。行进间队列队形动作动令的下达,更要注意把握好时机。以动令落在右脚为例,一般在右脚准备着地时,动令就要起音,右脚一着地,动令就结束,如果等右脚着地后再下动令,就会显得动令下得过迟而影响节奏和动作的准确完成。

（7）掌握好拖音的长短

为了使队列队形练习时整齐划一、协同一致,教师(指挥员)的口令必须要有规律,节奏明显,节拍清楚。在上课(练习)人数固定情况下,拖音长短应基本固定。如果教师(指挥员)拖音变化无常,就会造成整个队伍和动作的混乱。

口令拖音的长短,一般规律如下:

①在呼喊没有预令只有动令的短促口令时,除"立正"口令尾音可以拉长 1~2 拍外,其他口令尾音一般不拉长,如"稍息"、"报数"、"解散"等等。

②在呼喊断续口令时,预令(指示词)后面只要短暂停顿(稍歇),而动令要短促有力,如"成二列横队,集合"。

③呼喊连续口令时,预令的拖音一般要拉长 1~2 拍,并与动令相连接,预、动令之间不要停顿;动令要短促、洪亮、有力。如"立——定"、"向右——转"、"向

后转——走"等等。

④在呼喊复合口令时,则按上述②、③要求进行。

在队列口令中,特别要防止预、动令不分的现象。产生这个错误的原因,主要是把握不住行进间动令落点的准确性。

二、教师(指挥员)的位置

(一)教师(指挥员)的讲解、示范位置

在进行队列队形练习教学中,教师(指挥员)应选择合适的位置,进行讲解、示范,确定合适位置的原则是:①使全体学生都能看清动作形象;②能听清讲解声音。

1.队列队形的讲解、示范位置

讲解、示范位置,应根据人数的多少来确定,以二列横队 20 人左右为例:教师讲解、示范的最佳位置在面对面二列横队的中间位置。面对面相距一般为 5 步左右(见图 2－24)。

如人数较多,是四列横队以上的队形,讲解、示范最好利用高位置进行,使学生看得清楚,听得清楚。多人数的纵队讲解示范一般也利用高位置讲解示范动作,这样效果较好。

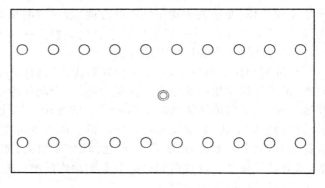

图 2－24

(二)教师(指挥员)的指挥位置

在进行队列队形练习时,教师(指挥员)应该站在合适的位置进行指挥,确定合适位置的原则是:①能通视全体学生(练习者)。②便于指挥。见图 2－25。

需要改变指挥位置时,要用跑步。距离较短时(5 步以内),也可用齐步。进入到预定位置后,要成立正姿势,再下达口令。

教师(指挥员)在指挥队列时要做到:①指挥位置恰当;②姿态端正,动作准确;③口令准确、清晰、洪亮;④严肃认真,衣着整洁;⑤严格训练,严格要求。

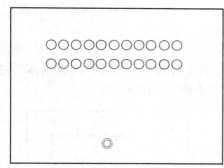

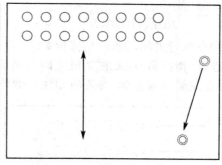

图 2-25　　　　　　　　　　　　图 2-26

1. 横队的指挥位置

①横队原地动作的指挥位置

以二列横队为例,教师(指挥员)应站在队伍中央的前面,与排头、排尾构成等腰三角形。

②横队行进间动作的指挥位置

教师(指挥员)应站在队伍左侧前方或左侧,但必要时可在队伍的右侧前方或右侧。在室内或固定练习场地进行练习时,教师(指挥员)的指挥位置一般不应变动。见图 2－26。

2. 纵队的指挥位置

①纵队原地动作的指挥位置

一路或两路纵队时,教师(指挥员)应站在队伍正前方 3～5 步处或站在队伍左前方。多路纵队时,教师(指挥员)应站在队伍中央前面。见图 2－27。

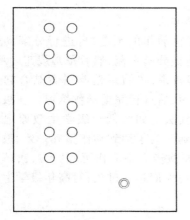

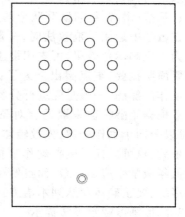

图 2－27

②纵队行进间动作的指挥位置

教师(指挥员)应站在队伍左侧中央前,必要时站在中央前。两路纵队行进时,站在左侧前或左侧,必要时站在右侧前或右侧。见图2-28。

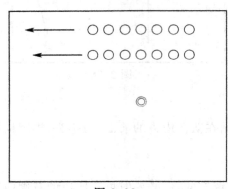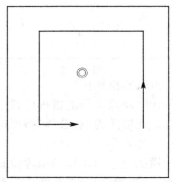

图2-28　　　　　　　　　　　　　　　图2-29

纵队绕场行进时,教师(指挥员)的指挥位置应在场地正中点(见图2-29),指挥时以不移动为宜。教师(指挥员)的正面方向可随排头行进而变换。

三、队列队形练习的教法提示

队列队形练习的教法,通常先提出练习的名称、口令及其下达的方法,接着进行示范、讲解,然后指挥学生操练。

1.示范、讲解、练习队列队形的基本教学方法

在教学中运用示范教法时,一般先做完整动作的示范,再进行分解动作示范。为了提高示范效果,可先用慢速示范,再做分解示范,然后按常规速度示范。讲解要简明扼要,重点突出。为了提高讲解效果,可将示范与讲解结合起来进行。动作的操练,一般是先进行分解动作练习,后进行完整动作练习。在教学中要注意根据年龄特征采取适合对象特点的教法。如对低年级学生教原地转法时,可以分两个动作来教,先教转体,再教并腿。为了达到动作整齐一致,教师下达口令后,也可以让学生按动作节拍呼数,如跑步立定动作可呼"1,2,3,4"。通常对低年级学生应多示范,而且要注意不宜使他们站立过久;对高年级学生则要精讲多练,要正确运用队列术语进行讲解。

2.队形练习教学方法提示

在队形练习教学中,应注意讲明场地有关的标记,选择好讲解的时机。

如错肩行进,应在排头走于接近"边中点"(迎面相距约 5 米处)时停下来讲解为宜;对角线行进,应在排头走至场地一角时停下来讲解为宜;交叉行进,应在排头走至接近场地中点时停下来讲解为宜。有些动作,教师可先站在排头位置带领学生练习。如蛇形行进、螺旋行进、"8"字形行进等。在练习过程中或形成图案时进行讲解,更便于学生接受。

在学习比较复杂的队形变化时,可采用挂图或在小黑板上画好图演示,有些练习也可以采用在场地上事先划好白线或先训练好骨干等方法来进行。

四、队列队形教学要求

教师是教学的组织者,一堂课教学效果的好坏关键在教师。课的开始部分考虑得是否周密,能否激发学生学习的积极性,发挥学生的主观能动性,保证上课质量,首先遇到的就是队列队形,如果离开它,这堂课就无法进行,为此,对教师(指挥员)及学生应有一定的要求。

(一)对教师(指挥员)的要求

1.教师必须精神饱满、态度认真、要求严格、指导耐心、动作准确,成为学生学习的榜样。

2.教师示范和指挥位置要选择适当,横队并列,一般在队列中央前面;纵队,站在左侧先头。队形变化时,教师的位置也要根据具体情况变化,一般用跑步,以站在统观全队最有利的位置为宜,并辅以相应的手势,有效地发挥教师的作用。

3.正确掌握和运用口令。口令必须准确、清楚、洪亮。预令长短看队伍的人数而定。人多队长时下达的口令可适当拉长。行进间的动令下达,一般落在右脚。在图形行进和行进间队形做变换练习时,口令下达应及时,如合队和并队走,要在排头相距 5 米左右发出。在做队列前、后移动时,不要下达偶数(2,4,6……)步走的口令。在做分解练习时,应注意口令下达的方法。如向后转分解练习,口令为"向后转——1,2"。

4.教学队列、队形练习,教师必须正确熟练地掌握教材,并根据学生年龄、性别等特点充分备课,做好课前准备工作,教学中还要做到教学结合,严格要求、持之以恒。不断总结经验与教训,改进教学方法,调动学生积极性,只有这样才能达到逐步培养、提高学生的组织纪律性和促进学生身体素质发展、养成正确姿势的目的。在教学方法上要做到学生学会一个再教一个,扎扎实实,细水长流,避免为追求形式花样占用时间的过多,影响了其他项目内容的教学。

（二）对学生（练习者）的要求

1.精神饱满，态度认真，做到令行禁止。学用一致，自觉地将所学动作运用到日常生活、教学和训练中去。

2.按照规定的位置列队，动作迅速、准确、协调一致、队列整齐。

3.因故出、入列要报告，经允许方可出、入列。奉命出、入队列时，应按教师指定的步法执行，做到自觉遵守队列纪律。

（三）对培养体育师资学校的术课教师和学生的要求

1.全体师生要提高对学习队列、队形重要性的认识。学生掌握队列、队形练习具有现实的和深远的意义。队列队形练习不仅是体育教师必须练好的基本功之一，并且它也是培养学生正确姿势，促进身体正常发育的重要手段之一，而正确的身体姿势本身就是学习掌握体育技术的重要基础。

2.学生在校期间，一开始就要在教师的教育和指导下，严格要求自己，自觉地、不厌其烦地认真学好口令指挥，正确掌握队列动作，边讲解边示范动作的要领和组织教学的方法，并能举一反三。这是未来从事体育教学的教师必须掌握的一项基本功。

3.术课教师应相互配合、共同协作。体操教师首先要按照"三会"要求（即示范正确动作、讲解动作要领、组织教学的方法）将队列、队形的基本知识、技术、技能切实地传授给学生。其他教师与体操教师协同一致，在每次课的组织教学中，安排学生轮流值日，学习实践整队、分组教学时的具体职责任务，培养学生指挥能力。教学中凡运用到的队列、队形动作，必须按规范严格要求，严格训练，使学生养成认真操练、令行禁止的习惯，将队列、队形教学做到令行一致、学用一致，打下良好的基础。

4.要重视喊口令的教学方法。教学生呼口令时，应当像上音乐课那样，有轻重缓急，节奏感要强。先由教师示范，并讲解发音方法，然后再带领学生一起呼喊，逐步过渡到由学生用口令指挥。教学口令的一般方法如下：

（1）发音的方法：立正姿势，腹式运气，咀嚼肌放松，然后腹肌收缩将气逼出，有力而有韵律地喊出口令。口令的字音必须清晰，尤其在发"左"、"后"两个字音时，应按照 zuǒ 与 hòu 的声调发准确。总之，喊口令时，必须做到身体姿势正确，态度严肃自然，运气充足，咽喉、腹部适当紧张用力，气息均匀而有力地冲出发音。

（2）口令与动作结合。教学口令应避免让学生过多地站在原地喊，最好是结合课上动作，跟教师喊口令后再做动作。在做动作时更要注意身体重心的转移，使其动作和口令一致。这样,学生可以感受到口令的起落与脚步的节奏感,有利于学生掌握和缩短学会用口令指挥的进程。

(3)自喊口令,自做动作。教师讲解、示范一般口令与起落脚关系(除向左转走,行进间一列横队变二列横队外,通常预令以右脚落开始经稍停顿,接着动令仍落在右脚)之后,应指令学生各自练习,并注意做到在初练口令时,步速要放慢一些。

(4)口令指挥(个人、小组)。初练队列指挥时,常常会出现动令落错脚和把方向弄反等状况。其一般原因及纠正方法如下:

①把"左"、"右"方向喊反。这是由于指挥者与操练者面对时,以自身的方向来下达口令所致。因此,在喊方向性口令时,应以操练者的方向为依据。

②有些学生指挥时,老是"一、二、一"(即左、右、左)不离口。在这种情况下,按其节奏发口令就很容易将动令落到左脚上。改正的方法,首先去掉不必要喊的"一、二、一",因为它与口令没有直接关系,应该隔开;其次,应看操练者整齐一致的脚步,从左脚开始到左脚落。

③有的学生在自己练习时能正确无误,而当用口令指挥别人时,却会喊错,造成操练者出现动作错乱,尤其在队伍走出场地、碰到障碍物等情况下,无所适从。这与指挥者自身过分紧张有关。在上述情况下,指挥者应立即下达"立定"口令,待镇定后,再继续进行指挥。

(5)队列教学必须贯彻示范动作"先完整后分解",教学动作"先分解后完整"的方法。学生之所以出现有些动作做得欠正确、不整齐,多数是由于未采用分解教学的方法,没把关键部分的动作做正确。例如:做向左(右)转走,常见的错误就有以两脚前掌为轴转体后出左(右)脚,以及左(右)脚向前半步的同时就转体的错误做法。要是采用按"分解动作,向左(右)转——走,2"的口令进行分解动作教学,就可以避免上述错误。

(6)教学应与考核相结合。队列、队形练习,应安排在随堂实习之前教完。每学期所教动作,都应从动作示范的正确性、要领讲解的简明性、教学方法及口令指挥能力等方面,由浅到深地进行考核,作为学期成绩的一部分。在各项术课的随堂实习评分时,对其队列、队形内容,亦要按恰当的比重给予评定成绩。

第三章　徒手体操

第一节　徒手体操的特点和作用

　　徒手体操是以身体各部位不同动作组成的相对运动的身体练习。我国徒手体操有着悠久的历史,"导引"、"五禽戏"、"八段锦"等古代的保健医疗体操都属于徒手体操的范畴。从欧洲传入我国的现代徒手体操,其动作的外部形态结构和要求与我国古代徒手体操有很大区别,但经广泛普及和发展已形成了我国的民族特色。

　　徒手体操是极易开展和普及的运动项目,是轻器械体操和竞技性体操的基础。它根据人体各部位的解剖结构特点,按照头颈、上肢、下肢、躯干的顺序分别选择动作,由举、振、屈、伸、转和绕环等练习加以组合而成,动作可简可繁,可难可易,变化多样,难易皆备;不受场地、器械设备、气候和时间的限制,也不受年龄、性别、职业、体质强弱和技术水平的限制,其练习对象的广泛性是其他任何体育项目所不能比拟的。徒手体操的动作内容丰富,可全面和有重点地影响身体,运动量可大可小,易于调节,能达到不同的锻炼目的。

　　徒手体操在推动和发展我国群众性体育活动中占有重要的地位。在学校,它是各级各类学校体育教学的重要内容,广泛应用于体育课、课间操和课外活动;在工矿企业,它成为各种生产操的主要内容,可防止和减轻某些职业病;在医疗界,应用徒手动作所创编的医疗体操是治疗疾病、进行康复锻炼的有效手段。徒手体操人人可以做,每个人、每个行业都可以创编一套适合个人和行业特点的徒手体操。广播体操的推行是徒手体操应用的范例。

　　徒手体操有多种分类方法。按练习的人数,有单人、双人、集体之分;按形式有定位、行进间之分;按人体结构特征有头颈、上肢、下肢等部位动作之分;按动作性质有举、踢、振等之分;按任务有卫生保健、运动辅助体操等之分。总之,根据不同的分类依据,有着不同的分类方法。

第二节　徒手体操的术语

徒手体操术语是正确说明徒手体操动作的专门用语。正确地运用术语,有助于教学工作的顺利进行,有助于学生正确理解和掌握动作技术。

一、人体部位名称术语

1.头颈:是头与颈的总称。
2.上肢:也称臂。它包括上臂、前臂、掌(拳)、指和肩、肘、腕关节。
3.下肢:也称腿。它包括大腿、小腿、脚(掌、趾、踵)和髋、膝、踝关节。
4.躯干:也称上体。包括胸部、腰部、体侧、腹、背部和脊柱。
5.四肢:是上肢与下肢的总称。
6.全身:是以上身体各部位的总称。

二、身体基本姿势术语

1.立:人体与地面成垂直关系为立,分站立和倒立。

站立:是人正常立的姿势。头向上,脚向下。它包括:

直立:与立正基本相同,但五指并拢伸直。

并立:两脚完全并拢的立。

开立:两脚左右分开,距离同肩宽的站立,如果两脚距离大于肩则称为"大开立",比肩宽小则称为"小开立"。

前后开立:两腿前后分开的站立。成前后开立时,应指出哪只脚在前,如左脚在前开立。

交叉立:两腿交叉形的站立。交叉立时,应指明哪条腿在前,如左腿在前交叉立。

点地立:通常是一脚站立负担体重,另一腿向某一方向出足,用脚尖点地。点地立时,应指明哪只脚点地,向哪个方向,如左脚站立,右脚尖后点地。

起踵立:是指脚跟离地,用前脚掌站立,分单脚和双脚同时起踵。

倒立:在支撑中,头在下脚在上,一种倒置身体的垂直静止动作。

2.弓步:是指一腿弯屈约90°,另一腿伸直的开立步型,分前弓步、侧弓步、后弓步、斜弓步。做弓步时,是以弯曲的腿表明方向,如:左腿前弓步,左腿右前斜弓步。如果腿弯屈小于90°,大小腿接触时,则称"扑步"。

3．蹲：是两腿并拢，髋、膝弯屈的一种姿势。大、小腿角度在90°左右称为"半蹲"，小于90°，大、小腿相触时为"全蹲"。如果分腿、分膝、起踵时，都应指明，如"分膝起踵半蹲"、"开立半蹲"。

4．跪：膝部着地的姿势。有单膝跪、双膝跪（如分腿时应指出）。

5．坐：臀部着地的姿势。通常指两腿并拢伸直，上体与地面垂直。如是其他姿势，应指明，如：分腿坐、屈腿坐、跪坐等。

6．撑：手支撑地面的姿势。成撑时，应指明身体其他部位的姿势，如蹲撑、跪撑、仰撑、俯撑、屈体分腿立撑等。

7．卧：身体贴于地面的姿势。通常是身体伸直、两腿并拢，两臂贴于体侧。如出现其他姿势应指明，如俯卧臂上举、仰卧腿前举。

8．团身：屈髋、屈膝、含胸、圆背，大腿尽量靠近胸部使身体成圆形的姿势。团身时，两手一般抱小腿。

9．挺身：胸、腰、髋关节稍后屈，使身体挺直的姿势，一般两臂在侧体。

10．平衡：一腿支撑地面，另一腿向某方向举起的姿势。有俯平衡（也称燕式平衡）、仰平衡、侧平衡、（站立）搬腿平衡等。平衡时，应指明哪条腿站立以及身体和两臂的姿势，如：右腿站立俯平衡，两臂侧举。

11．劈腿：两腿分开成一直线并接触地面的姿势。两腿前后分开的称纵劈腿；左右分开的称横劈腿；前腿弯屈的称半劈腿。成纵劈腿时，应指明哪条腿在前及两臂的姿势，如：右腿在前的劈腿，两臂上举。

12．倾：身体与地面不成垂直又不失去平衡的姿势。

13．桥：身体背向地面，上肢与下肢支撑成弓步形的姿势，如分腿桥、跪桥、前臂桥等。

三、运动方向术语

人体运动方向是根据人体的水平面，左右垂直面（额状面）与前、后垂直面（矢状面）来确定。

1．基本方向——前、后、左、右、上、下（见图3-1）

前、后的方向是以人体的左、右垂直面为准判定的。胸对的方向为前，背对的方向为后。如人体在倒立（或倒悬垂）时，背对方向为前，胸对方向为后。

左、右的方向是以人体前后垂直面来判定的。左侧的方向称左，右侧的方向称右。左与右也称"侧"。四肢做同侧运动，即左臂（腿）向左、右臂（腿）向右运动时，常用"侧"字代替左右。如右臂侧举（右臂向右平举），左脚侧出一步（左脚向左出一步）。

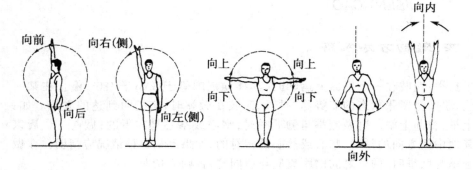

图 3-1

上、下的方向是以人体的水平面为准判定。凡向高于水平面方向运动的称向上,向低于水平面方向运动的称向下(在平面上称平)。

如四肢的运动是向人体中线方向时,又可称为"向内";离开中线时,又称为"向外"。如两臂由上举开始,左臂向右、右臂向左,向中线方向运动,则叫"两臂向内"。

2.中间方向(见图 3-2)

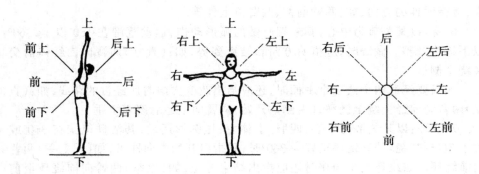

图 3-2

两个基本方向之间成 45°构成的基本方向,分前上、前下、侧上、侧下等,如前与上之间称前上,前举与上举之间的举称前上举。

三个基本方向之间构成的中间方向称为斜方向,分前侧上、前侧下、后侧下等,如前、侧、上之间称前侧上(前斜上)。

四、运动方法术语

1.举：四肢在一个平面上运动时，其移动范围等于或小于180°，停止在某一方位，肌肉呈紧张状态的姿势称"举"。四肢在做举时，应指明到达的方位。如：臂上举，臂前上举。臂做侧举与侧下举时，掌心或拳心是向下的；做前、上、后以及其他中间方向的举时，掌心或拳心是相对的，如果不是这种情况应指明。在做臂上举与前举时，两臂之间的距离应与肩同宽，否则应指明。

2.振：上肢或躯干在一个平面上做快速用力的弹性运动，动作无停顿，称"振"，如两臂上举后振、臂侧举后振、臂前举交叉振（内振）等。

3.摆：四肢做缓和的钟摆式运动，到达极点后立即自然下落称"摆"。四肢做摆时，应指出极点的方位，如：臂前摆、臂侧下摆；改变方向时应指明，如：臂侧举，经体侧前摆。

4.屈：身体关节的弯曲或关节角度的缩小称为"屈"。做屈时，应指出屈的结束方向，如：上体前屈、头前屈、体后屈、两臂胸前平屈、肩侧屈。

5.伸：身体各关节角度的扩展为"伸"，一般要做到伸直。伸是一种运动的过程，应指明伸的方向，如：两臂前伸、两臂侧上伸等。

6.绕：以某关节为中心，其末端所做的弧形动作，运动范围在180°以上，360°以下称为"绕"。做绕时，应指明方向和结束姿势，如：（直立）两臂向内经体前交叉绕至侧举。

如果要经过两个或三个平面时，还应指出改变方向时所经过的路线，如：（直立）两臂向前经上绕至侧举，（由侧举开始）两臂向上经后绕至下垂。

7.绕环：以某关节为中心，四肢、上体、头做圆形运动，其活动范围在360°或大于360°称"绕环"。绕环正好为360°时，只指出开始方向即可，如（臂上举）两臂向前绕环。如绕环大于360°时还应指出结束方位，如（上举）两臂向前绕环至前举。绕环经过两个以上平面时，应指出改变方向所经过的路线。

8.转：头、上体、全身绕人体纵轴转动的动作称"转"。转时应指出方向和度数，如：向右转体90°；跳起向左转体360°。

9.压：由某一姿势向下用力的动作称"压"，如：压肩、压腿。

10.跳：利用脚蹬地的力量，使身体腾空叫"跳"。跳起的空中姿势与结束姿势都要指明，如：挺身跳成开立、跳起成左弓步等。

11.出：一脚不动，另一脚向任何方向迈出称"出"。出脚时，应指明方向与结束姿势，如：左脚侧出成大开立、右脚前出成弓步。

12.倒：身体伸直向某方向倒下的动作，如：直体后倒同时向右转体180°成屈臂俯撑。

13.踢:腿用力做加速摆的动作。踢腿时应指明运动方向,如右腿后踢、左腿侧踢。踢腿时通常伸直膝和踝,如屈膝、勾脚应指出。

14.起:身体由低姿势向上运动成高姿势的动作。

15.推:手用力推地或物(人)的动作。

16.波浪:身体某部分邻近的关节以波浪形按顺序依次做屈伸动作。

第三节 动作术语的构成与记写

一、术语的构成

术语的构成是指术语由哪些因素组成,怎样组成。身体各部位运动时的术语一般由开始(预备)姿势、动作部位、动作方向、动作形态、动作做法和结束姿势构成。

表3-1 术语构成因素和顺序

动作术语	开始姿势	动作部位	动作方向	动作形态	动作做法	结束姿势
两臂后绕至前举	(直立)	两臂	(向)后	(直臂)	绕	至前举
跳成并立	(开立)	(两脚)	(向上)	(直体)	跳	成并立

注:表内加括号部分是可以省略的部分。

二、记写的方法与顺序

记写的方法有术语和图示两种,其顺序是先确定操的名称,然后按节操和节拍进行。

1.确定单节操的名称

成套徒手操是由若干单节操组成,各单节操首先要确定它的名称,其方法一般有以下几种:

(1)用身体运动部位的名称来命名。如:颈部运动、下肢运动。

(2)按运动方法、方向或身体姿势术语来命名。如:跳跃运动、下蹲运动。

(3)综合命名:综合上述方法来命名。如:体侧运动、踢腿运动,臂绕环运动。

2.单节操的记写顺序

(1)首先写明该节操的名称。如:下蹲运动。

(2)注明本节操做几拍。如:四八呼或4×8。

（3）指出做操的预备姿势。如直立。

（4）按节拍顺序依次记写每拍动作。最后一拍应写明结束姿势。

如果后若干拍动作与前若干拍动作相同,写明相同即可。如⑤～⑧同①～④。

如果左、右方向改变,动作性质并未改变,可注明"但方向相反"。如⑤～⑧同①～④,但左、右相反。

如果动作未变,方向也未变,只换了一只腿（臂）做,可指出"换出（踢、举）右腿（臂）",如⑤～⑧同①～④,但换踢右腿。

3. 记写每拍动作的方法

徒手操的每拍动作是由身体各部位的动作组成,参加运动的身体部位,必须按照术语的构成因素分别记写,不参加运动的身体部位不写。记写每拍动作是记写徒手体操最重要的部分,一定要符合"正确、简练、易懂"的要求,使人按照记写的文字,只能是一种理解,一种做法,不能有歧义。

记写的顺序一般是从左到右,从下而上,即脚、腿、上体、臂、头或按下肢、上肢、上体、头的顺序记写。有顺序地记写,既便于自己写,也便于别人理解。在一拍中各部位的动作一般是同时进行的（"同时"二字可以省略,如不是同时进行,而有先后顺序的,按顺序去写。记写时还应做到:

（1）运用确切术语

要指明参加运动的身体部位、动作方向、动作方法和经过的路线等。

（2）合理省略术语成分

①通常的做法可以省略。如"两臂侧举",可省略"掌心向下";"左脚侧出",可以不必写"一步,与肩同宽"等。

②从术语构成的六个部分中,能明确判断相应之间的关系,不必把六个部分全写入。如"直立（预备）,两腿向下弯屈成全蹲",其中"两腿向下弯屈"可以省略,因为全蹲只能用腿做,只能向下,必定弯屈。再如:"两臂上举（预备）,两臂向前经下绕环一周至两臂上举",其中"经下"可以省略,因为没有改变方向面;"至两臂上举"也可省略,因为一周已表明了其结束姿势仍要到达开始方位。

（3）正确运用动作关系词

①"成":身体由一种姿势变成另一种姿势用"成"。它一般在结束动作时用,动作是采用最短,最方便的路线来完成的。例如在一节操的最后一拍经常用"成直立",它的路线不用写明。

②"至":身体的某一部位在同一动作中的结束姿势用"至"。多用于四肢做绕或绕环时路线较长动作,如"两臂向前经上绕至侧举"。

③"经":身体某部分在做动作时所经过的方位。如上例。

④"还原":后一拍的动作按原来路线返回至前一拍动作的结束姿势时,可用"还原成×姿势",不必详细记写。还有一种是结束还原,即一节操的最后一拍结束同开始(预备)姿势,可写成"还原成预备姿势"。

三、定位操记写实例

第一节 伸展运动(2×8)

预备   1   2   3   4

预备姿势:直立。

1—左脚侧出,两臂侧举。

2—右脚提踵向左转体90°,同时两臂经下向前绕至上举(抬头挺胸)。

3—还原成1的姿势。

4—还原成预备姿势。

5~8同1~4,但出右脚,向右转体。

第二节 下蹲运动(2×8)

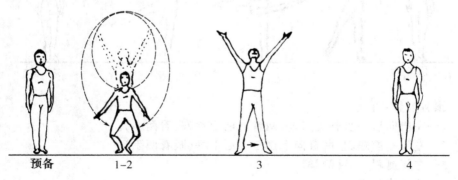

预备   1-2   3   4

预备姿势:直立。

1—2屈膝半蹲,同时两臂向外经体前交叉绕至侧下举(掌心向后)。

3—起立,同时左脚侧出,两臂侧上举。

第
三
章

徒
手
体
操

4—还原成预备姿势。

5～8同1～4,但出右脚做。

第三节　四肢运动(2×8)

预备姿势:直立。

1—左腿侧举,两臂侧举。

2—左脚落地成大分腿,左腿全蹲,两臂体前交叉(左臂在前)。

3—左腿伸直,右腿全蹲,两臂侧举。

4—还原成直立。

5～8同1～4,但出右脚做。

第四节　踢腿运动(2×8)

预备姿势:直立。

1—左脚向后一步脚尖点地,两臂右前上举(眼看两手)。

2—左腿右前踢起,两臂向下摆至左后下举(眼看两手)。

3—左腿侧踢,两臂侧举。

4—还原成直立。

5～8同1～4,但出右脚做。

第五节　体侧运动(2×8)

预备　　　　　1，2　　　　　3　　　　　4

预备姿势：直立。

1—左脚侧出成大开立，两臂侧举。

2—成右弓步，左手叉腰，右臂上举，上体向左侧屈一次。

3—同 2。

4—还原成直立。

5～8 同 1～4，但出右脚，向右侧屈。

第六节　腹背运动（2×8）

预备　　　　1　　　　2　　　　3　　　　4

预备姿势：直立。

1—两臂上举（抬头挺胸）。

2—上体前屈至手触地。

3—左脚后退一步成右弓步，上体抬起，两臂上举。

4—还原成直立。

5～8 同 1～4，但出右脚做。

第七节　跳跃运动（2×8）

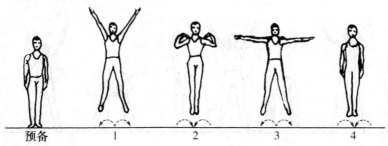

预备　　　　1　　　　2　　　　3　　　　4

预备姿势：直立。

1—跳起成开立,两臂侧上举。

2—跳起成并立,两臂肩侧屈。

3—跳起成开立,两臂侧举。

4—跳起还原成预备姿势。

5~8同1~4。

四、行进间操记写实例

　　行进间操是在走、跑、跳的过程中进行做操练习。它要求臂与上体的动作和步伐互相配合,如上体做左转或左屈的动作,应在左脚前出时完成。因此,行进间徒手体操的动作难度与协调性相对比原地动作要高,所以行进间操的教学必须在定位操的基础上进行。

　　一般来说,定位操都可改变成行进间操,可一拍向前行进一步,二拍行进一步,四拍行进一步,其改变的方法有一定的规律。

　　1.每拍动作都可以和走协调配合的定位操,可改为每拍行进一步。

　　举臂、臂绕环、臂后振、弓步压腿、体转和体侧屈等,做每拍动作时,都可以行进一步,跳跃运动,也可每拍向前跳一步。

　　2.第一拍脚前出,第四拍脚收回,而第二、三拍动作难以与走步相配合的动作,为四拍行进一步。即第一拍脚前出,第二、三拍动作按定位做,第四拍后脚向前靠拢。

　　3.脚前出转体成开立或侧弓步之类的动作,当第二、三拍动作与走步无法配合时,可改为第一拍左脚前出,同时向右转体90°成开立或成侧弓步等;第二、三拍动作定位做;第四拍右脚向左脚并拢,同时向左转体90°成预备姿势。或者第四拍重复第二拍动作,第五拍右脚向前同时向左转体180°成第一拍姿势,继二拍动作完成后,第八拍还原成预备姿势(见图3-3中的动作4和5)。

| 预备 | 1 | 2 | 3 | 4 | 5 |

图 3-3

4.第二、三拍动作无法与走步相互配合,也可改变成:第一拍左脚前出,右脚前并,第二、三拍定位做,或第二拍右脚前并同时完成身体其他部位动作;也可改为二拍行进一步,即可将下图的动作改为:1. 左脚前出,两臂上举。2. 右脚前并,上体前屈。3～4同1～2,但出右脚做(见图3－4)。

预备　　　　1　　　　　　　2　　　　3　　　　4

图 3 － 4

五、双人操记写实例

双人操是在两人的身体相互接触的情况下,互相配合,协调一致地完成动作。故对二人完成动作的节奏一致性,团结协作精神提出了更高的要求,且在配对时要考虑到二人的身高、体重大致相同。双人操的开始姿势有面对、背对、侧对方向,在教学中讲解运动部位与方向时,要据具体动作而定。尤其是动作方向,最好选定教学环境为参照系。

按照双人操的动作性质和相互用力情况,可分为三种类型:协同性动作、助力性动作、对抗性动作。

1.协同性动作:两人互相配合,协同一致做动作

伸展运动(2×8)

预备　　　　1 3　　　　　　2　　　　　　4

基 本 体 操
JIBENTICAO

预备姿势:面对立,相距约两步,手互握。

1—左脚前出脚尖点地,两臂前举。

2—左脚落踵,右脚提踵,两臂上举(抬头挺胸)。

3—还原成1的姿势。

4—还原成预备姿势。

5~8同1~4,但出右脚做。

腹背运动(2×8)

预备   1   2   3   4

预备姿势:面对立,相距二步,手互握。

1—两臂前上举。

2—上体前屈(低头)至手触地。

3—起上体,两臂前上举,同时左腿后举。

4—还原成预备姿势。

5~8同1~4,但换右腿后举。

2.助力性动作:一人给另一人施力,帮助完成动作

体前屈运动(2×8)

预备姿势:背对分腿坐,肘互勾。

1~2甲上体前屈,乙挺身帮助甲上体前屈。

3~4同1~2,但两人动作交换。

压腿运动(2×8)

预备姿势:甲屈体仰卧,乙立甲前,手握甲腿。

第一个8拍,乙向下助力压腿。

第二个8拍两人对换做动作。

3.对抗性动作:两人相互对抗用力做动作

扩胸运动(2×8)

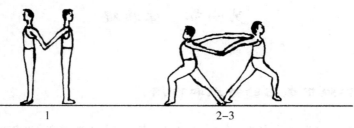

预备姿势:背对立,相距一小步,手互握。

1—两臂侧举。

2~3左脚前出成弓步,扩胸二次。

4—还原成预备姿势。

5~8同1~4,但出右脚做。

体侧运动(2×8)

预备姿势:面对立,相距一步,两手互握。

1——脚后侧出,同时向外转体90°,两臂侧举

2~3内侧脚起踵,外侧臂上举互握,上体向内侧屈二次。

4—还原成预备姿势。

5~8同1~4,但换一脚做。

第四章 轻器械与专门器械体操

第一节 体操棍

一、体操棍练习的特点和作用

体操棍(棒)为木质棍棒,长 1~1.2 米,直径 2~2.5 厘米,少年儿童用棍时可稍短些,无专用棍时,也可用小竹竿或树枝代替。体操棍练习是以徒手体操动作为基础,手持棍进行练习。练习时,可单手持棍,也可双手持棍。持棍的方法有:正握(拇指相对)、反握(臂旋外、拇指向外)、正反握(一手正握,一手反握);可握棍一端、握棍两端或中间,握棍同肩宽,握棍 1/4 或 1/3 处,一手握棍一端而另一手握棍中间或 3/4、1/3 处;换握的方法有离棍换握、滑棍换握、转臂换握、转棍换握等;可使棍与地面平行、垂直或成某一角度。因此,变化握棍的位置、方法和改变棍的方向等进行刺、打、劈和模仿性动作是体操棍练习的基本特点。

体操棍练习具有全面锻炼人体的价值,较之徒手体操内容更为丰富,表现形式更为多样。以棍作为限制物,可以增强关节的柔韧性、灵活性和完成动作时肌肉的控制能力;改变握棍部位,可以增大重力矩的杠杆作用,加大动作的幅度和强度,提高练习效果;变化棍和身体各环节动作的配合,可以提高协调能力;运用棍棒做模仿性练习,可以提高练习兴趣。

二、持棍基本动作

1.持棍立正、稍息、行进、下垂(见图 4-1)。

持棍立正:右臂下垂,用右手拇指与食指握棍下端,其余三指贴于棍身,使棍垂直,上端靠于右肩,身体保持立正姿势。

立正　　稍息　　行进　　下垂

图 4 - 1

持棍稍息:左脚侧出一步,同时右手虎口压棍,使上端落下轻放于左脚尖前触地。

持棍前进:齐步走时,同持棍立正姿势,按队列要求,两臂自然摆动(棍靠紧右臂)或右臂贴紧身体。跑步时,持棍方法可同齐步,也可将棍横放于背后用肘勾住。

持棍下垂(即做棍操常用的预备姿势):两手正握棍(同肩宽),两臂自然下垂,棍在体前成直立姿势。

2.持棍做上肢动作。单手或双手持棍做举、振、屈、伸、摆、绕和绕环等上肢动作,可使棍呈水平、垂直、倾斜等形式;还可用双手握棍做向后、向前的依次或同时转肩动作。

3.持棍做下肢动作。如举、屈、伸、蹲、弓步和跳跃动作。

4.持棍做躯干动作。如屈、转、绕环等。下肢和躯干动作一般都与上肢动作配合进行,使棍操变化多样,内容丰富。

棍操是在徒手操的基础上进行的,因此,它具有徒手动作的练习性质,可定位做、行进间做,也可双人练习。

三、棍操

棍是硬器械,可单手或双手以不同的握法做各种动作,可握棍一端或两端,并据练习的需要改变握法,以滑棍改变两手握棍的距离。棍操有单人、双人定位动作,也可在行进中单人练习,劈、打、刺等模仿性动作是棍操的特点。

第二节　跳　绳

一、跳绳练习的特点和作用

跳绳活动简单易行,是我国普及开展的具有传统性的体育项目。

基 本 体 操
JIBENTICAO

绳分短绳和长绳。单人跳的绳长 2～2.3 米，双人和三人跳的绳长 2.5～3 米。单人跳绳可用两手握绳两端，两脚或一脚踩住绳中央，两臂屈肘侧举拉直绳子调整长度。跳绳练习是下肢的跳和上肢摇的协调配合，跳和摇及其方法、方向的变换是跳绳的特点。

通过跳绳练习，能发展练习者的弹跳力、灵活性、协调性和耐久力，增强两臂和两腿韧带、关节，特别是踝关节、膝关节肌肉和韧带的力量，对促进运动器官、心血管和呼吸系统的机能有着良好的作用。

进行跳长绳和跳绳游戏练习，不仅具有锻炼作用，还能培养学生的组织纪律性和集体主义精神。在各级学校体育教学中，都把跳绳作为准备活动内容之一。

在体育运动训练中，常把跳绳作为训练运动员弹跳力和耐久力的辅助手段，尤其是在体操、拳击、足球、跳高(远)等项目的训练中使用更为广泛。通过跳、摇绳幅度的大小、速度的快慢和绳操的繁简来调节运动量，是健身治病、增强耐力较好的体育手段。

二、跳、摇绳的方法和种类

1.摇绳方法

摇绳分大摇、中摇、小摇。

大摇：是以肩关节为轴，两臂伸直在体侧摇绳。

中摇：是以肘关节为轴，上臂贴紧体侧，前臂外张肘关节转动摇绳。

小摇：是以两臂体侧伸直，以腕关节为轴手腕转动摇绳。

摇绳的方向有向前、向后、向侧以及两臂交叉摇绳。

2.跳绳方法

任何跳法均用前脚掌或由全脚掌过渡到前脚掌蹬地跳起，并用前脚掌或由前脚掌过渡到全脚掌着地。其基本的跳法有双脚垫跳和连跳，单脚垫跳和连跳，交换脚垫跳和连跳，双脚或单脚两摇跳和多摇跳，在此基础上的跳法变化为踢腿跳、高抬腿跳、分腿跳、直腿跳、屈腿跳、蹲跳等多种。

3.跳绳练习的种类

跳绳练习中的跳法和摇法花样多变，加之方向的变换，有长、短绳之分，又可持折绳做操练习，内容十分丰富，一般可将跳绳练习分为以下几种(见图 4－2)。

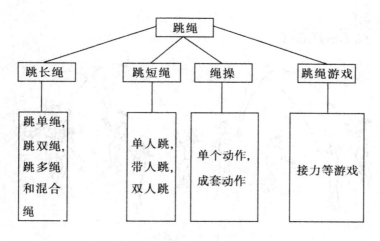

图 4 - 2

三、跳长绳

绳子一般是由两个人摇,也可由一人摇(一人摇时,绳的另一端可系在一固定物上)。根据练习者所在的方向,又分为"正摇"和"反摇"。向练习者方向摇转的为"正摇",向练习者相反方向摇转的为"反摇"。根据绳的多少又分跳单绳、跳双绳和混合跳。

1.跳单绳

跳单绳是指两人或一人摇一根长绳,练习者在一根绳子上做各种动作,主要有跑过和跳过两种形式。

跑过是指绳子摇转后,练习者迅速由绳下跑过,两脚不越过绳。其做法是当绳子由最高点向着练习者这一边往下摇时,练习者应该在绳摇到与头齐高时,可在绳前或绳后跑过。

跳过是指练习者跑入并跳过摇转的绳子。双脚跳过一次摇转的绳子后跑出为跳过,双脚跳过绳子两次以上为连跳。方法是练习者在绳子的左(右)侧站立,当摇转的绳着地后,立即跑入,当绳再接近腿部时,脚跳起越过绳子。

2.跳双绳(见图 4 - 3)

跳双绳是指练习者在两条摇转的绳中做跑过和跳过的各种动作。

跑过、跳过两个平行的长绳,可以加做各种动作,或两个人分别在两条绳上连跳,并相互交换位置。

图 4 – 3　跳双绳

3.跳多绳和混合绳(图 4 – 4)

多绳是在双绳的基础上增加绳的数量,而混合绳是由两人摇一条长绳,练习者持一条短绳,当长绳向上摇起的时候,练习者跑人,自摇短绳同时跳过长绳进行各种跳跃动作,要求短绳与长绳节拍一致。

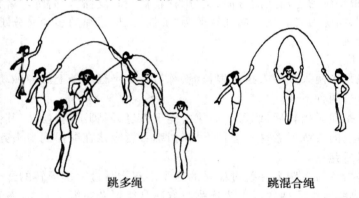

跳多绳　　　　　　　　　跳混合绳

图 4 – 4　跳多绳、跳混合绳

四、跳短绳

跳短绳的内容十分丰富,有多种跳法,如交换脚跳、并脚跳、两脚依次跨跳等;其摇法主要有正、反摇、侧摇和交叉摇。跳短绳有一人摇跳及带人跳与二人摇跳及带人跳。

1.一人摇跳及带人跳(见图 4 – 5)

一人摇跳的种类较多,可以将摇和跳的变化相互结合起来,相同的跳法结合不同的摇法,相同的摇法也可采用不同的跳法。可以带一人,也可带二人。

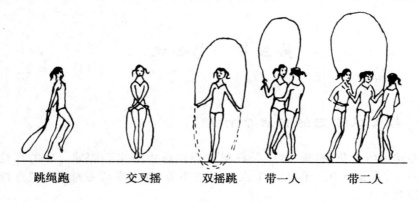

跳绳跑　　　　交叉摇　　　　双摇跳　　　带一人　　　　带二人

图 4 - 5

2.二人摇跳及带人跳(见图 4 - 6)

由二人各握绳的一端,同摇同跳或同摇一人跳,也可带人跳。二人或三人的跳法可相同也可不同。一人和二人摇跳均可在跑跳中进行,带人跳中的被带人,在跳的过程中可做半蹲、转体等各种动作。

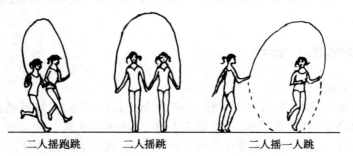

二人摇跑跳　　　　二人摇跳　　　　二人摇一人跳

图 4 - 6

五、绳操

绳操练习可握二折、三折、四折绳,在定位操的基础上练习,也可在行进中完成动作,要充分利用软器械和摇跳的特点。

第三节　实心球

一、实心球练习的特点和作用

实心球是用棉花、布头、沙子装在帆布或皮球中的实心圆球。球的直径为20～30厘米,重量有0.5千克、1千克、2千克不等,要根据练习对象和任务选择球的重量和大小。

实心球练习包括球的滚动、传递、抛接和持球做各种动作,以及搬运等游戏性内容。可单人做、双人做,也可集体做;滚球、传递球和抛接球是实心球练习的主要特点。

由于实心球的重量可根据练习对象不同的年龄、性别和健康状况来选择,人体所承受的生理负荷更具有针对性,练习效果会更好。它可作为身体一般发展练习,又可作为专项身体素质训练的手段,对发展上肢、腰、腹、背肌肉力量有着良好的作用。

二、持球基本动作

1.持球方法

单手持球:单手持球有两种方法:一是用单手托球下部,前臂稍里合,将球夹于体侧;二是用前臂托球下部,手压球前上部,将球夹持在前上臂之间。

双手持球:两臂下垂,五指自然分开持球两侧,或双手胸前持球。

双脚夹球:用脚内侧夹球。

2.持球行进

持球行进的方法同单手持球。

持球做上肢动作。单手或双手持球做举、振、屈、伸、摆、绕和绕环动作。

持球做下肢动作。如举、屈、伸、蹲、弓步、踢和跳跃等动作。

持球做躯干动作。如屈、转、绕等。

三、传递球练习

1.单人练习

绕颈传递：一手把球绕至颈后，另一手由颈后接球绕至胸前。

绕腰传递：一手把球绕至背后，另一手由背后接球绕至胸前。

绕双腿传递：上体前屈，一手托球绕至腿后，另一手由腿后接球绕至体前。

绕单腿传递：分腿站立，上体前屈，左手托球从左腿外侧经腿后从胯下传给右手，再右手托球从右腿外侧经腿后从胯下传给左手，这也称"8"字绕单腿传递（见图4－7）。

举绕单腿传递：站立，左（右）手托球从左（右）腿下传递给右（左）手（见图4－8）。

图4－7 "8"字绕单腿　　　　　　图4－8 举绕单腿

2.双人或多人练习

双人传递是基础，站立的位置可面对面、背对背，或面对某一方向；可用单手或双手传接球；可将球从头上传接，胯下传接，体侧传接；或将球依次从头上和胯下、身体左侧和右侧交错传接。多人练习一般在五人以上成纵队、横队或其他队形进行传递。

四、抛接球练习

单手或双手将球抛向空中后再用单手或双手接球为抛接球练习，也可用双脚夹球抛起。它分为自抛自接和双人相互抛接。

1.单人抛接（自抛自接）

单人站抛蹲接、蹲抛站接，或转体90°、180°、360°后接球。分腿站立，上体前屈胯下向上抛球，站立胸前接球或转体180°接球。站立，右（左）手背后向上抛球过左（右）肩，双手肩上（或胸前）接球。站立，左（右）腿前举，左（右）手由腿外经膝下向上抛球，双手胸前接球。

2.双人抛接

双人抛接有两人一球对抛对接；两人两球同时对抛对接。可采取面对、背对和侧对站立来做。

两人面对面，胸前、头上、肩上的双手或单手抛接。

两人同一面向站立，前面人头上向后抛球，另一人（后面人）胸前接球。然后二人向后转，交替抛接球。

两人面对面站立，两球同时胸前、头上、肩上抛接球。

两人背对站立,两人同时从头上向后抛球,转体180°接球。

两人背对分腿站立,两人同时从胯下向后抛球,转体180°接球。

五、球操

球操是手持球做类似徒手体操动作,并配上传递和抛接球练习。球操可以原地做,也可在行进间进行;可以坐、卧在地上,脚夹球或手持球做各种屈体练习。

第四节　哑　铃

一、哑铃练习的特点和作用

哑铃包括木哑铃和铁哑铃。哑铃练习是两手各持一只哑铃做各种不同形式的动作。哑铃操的特点是在练习中利用哑铃单锤或双锤相互碰撞声,使动作显得整齐、协调,并具有较强的节奏,其作用不仅能培养学生的协调性和节奏感,还能提高学生的练习兴趣。铁哑铃的重量可因人而择,常用于发展力量素质,尤其是对发展上肢、肩带、胸背和腰背力量具有良好的作用,是家用健身和健美的普及性轻器械之一。

二、击铃方法和节奏

1.击铃方法

单锤击:两手各持一铃,虎口相对,单铃头碰击。

双锤击:两手各持一铃,掌心相对,双铃头碰击。

2.击铃节奏

在四拍中有一次击、二次击、三次击、四次击以及一拍二次击等。

三、哑铃操

手持哑铃做身体各部位的动作,如做上肢的各种举、振、屈、伸、绕和绕环等动作;做躯干的屈、伸、绕和绕环等动作;做下肢的踢、摆、屈、伸、弓步、蹲等动作。哑铃操可定位做,也可行进间做。

第五节　专门器械体操

专门器械体操是指利用肋木、体操凳、爬绳(竿)等进行的身体各部分的练习。常用的是肋木和爬绳(竿)两项,其特点是身体依附于器械上,根据固定器械的特点,变化不同支撑高度和做法,改变动作对身体的影响,提高练习效果。进行专门器械练习,能增强身体各部分肌肉的力量和速度,提高关节的柔韧性和灵活性,改进不良身体姿势,尤其是攀爬练习,能培养勇敢、果断的优良品质,提高攀援能力,具有一定的实用意义。

一、肋木练习

1. 身体各部位练习

(1)上肢和肩带动作。如面对或背对肋木站立,两手握肋木做臂屈伸、压肩;握肋木下蹲拉肩;悬垂引体向上。

(2)躯干动作。如面对肋木站立,手握肋木做体后屈;背对握肋木体前屈;侧对握肋木体前、侧、后屈。肋木上悬垂收腹举腿;肋木前放一山羊,手握肋木俯卧、侧卧、仰卧在山羊上做举腿或脚勾肋木做上体抬起动作。

(3)下肢动作。如面对、侧对或背对肋木站立,手握肋木做一腿向前、侧、后踢腿;面对肋木,手握肋木并腿或分腿踏在肋木上压腿,一腿放在肋木上做压腿动作;面对肋木,一人坐在另一人肩上,下面人手扶肋木做下蹲和起立。

2. 攀登练习

(1)直线攀登,即直接上下攀登。可采用面对或背对的手脚依次按格或跨格攀登;手脚交换跳动攀登;两手一脚及只用手的攀登。

(2)斜线攀登,即由肋木的一端开始,斜进向上攀登后,又斜过向下攀登至另一端。

(3)曲线攀登:即由肋木一端开始,上下按曲线攀至另一端。可规定二或三档一个上下曲线,或整个肋木为一曲线(见图4－9)。

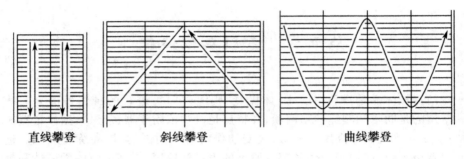

直线攀登　　　　　斜线攀登　　　　　曲线攀登

图 4－9

　　3.肋木操
　　肋木操常用于准备活动,可将发展身体各部位的练习,按徒手操的编排原则编成一套有节奏的动作,全面活动身体。

二、爬垂直绳(竿)练习

　　1.手脚并用的爬绳(竿)
　　它有三拍法和二拍法(见图4－10)。

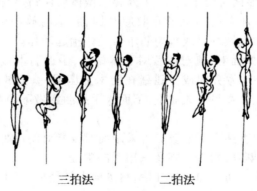

三拍法　　　　二拍法

图 4－10

　　(1)三拍法:预备姿势为直臂悬垂,两手靠拢握绳。

第一拍:两腿弯屈上提,两脚和两腿夹绳。

第二拍:屈臂引体向上,同时两脚和腿蹬绳伸直。

第三拍:两手依次向上换握成预备姿势。

(2)二拍法:预备姿势为一臂伸直向上握绳,另一臂弯屈于胸前握绳。

第一拍:两腿前屈上提,两脚和腿夹绳。

第二拍:两脚和腿蹬绳伸直,同时引体向上,在下的一手向上换握成预备姿势,两脚仍紧夹绳。

2.只用手的爬绳

由直臂悬垂,拳心向内握绳开始,两臂引体,两手依次向上换握,两腿伸直,身体不停上升。

第四章　轻器械与专门器械体操

第五章 影响动作效果的基本因素和操的创编

第一节 影响动作效果的基本因素

为了更好地选择和完成基本体操动作,合理安排运动量,有意识地改变动作的难易程度和肌肉工作的性质,获得更好的练习效果,达到增强体质的目的,必须了解和注意运用以下各种因素。

一、身体姿势

身体姿势指动作的外部表现,包括开始姿势、动作过程中的姿势和结束姿势。做动作时姿势的正确与否和改变,都直接影响动作的难易程度和锻炼效果。例如,做体前屈时,分腿比并腿容易做,两腿伸直和弯曲在难度和效果上大不一样。两腿伸直的动作,姿势正确难度大,能达到拉长大腿后部肌肉韧带的作用;若弯曲动作姿势不正确,难度相对低,就会达不到预期的效果。

在体育教学中,不同的开始姿势、动作过程中的姿势和结束姿势,其动作的练习效果是不同的。有目的地改变动作的各种姿势,不仅是增减动作的难易程度,调节运动量和提高协调性的重要手段,而且是提高练习者学习兴趣的最好方法。

二、动作方向

动作方向指身体和身体各部分的运动方向。由于动作方向不同,所影响的肌肉群也不同,如上体前屈时,主要影响腰背肌肉群;上体后屈时,主要影响腹背肌群;上体左右侧屈时,主要拉长左右侧肌肉群。因此,根据需要正确地运用动作方向,才能达到预期的目的和锻炼效果。

在体育教学中,经常采用以改变动作方向来变化动作方法。正确运用动作方向的变化,可以全面影响机体;有目的地选择某个方向的动作,可以重点锻炼身体某个部位的肌肉群。同时,变换动作方向有助于集中练习者的注意力,提高动作的协调性。

三、动作幅度

动作幅度指做动作时身体某部位移动距离的大小。动作幅度的大小,关系到动作质量、锻炼效果,也影响运动量的大小。例如,直腿前踢比屈腿前踢幅度大;踢到脚高于肩平比踢到水平幅度大;直臂侧举后振比两臂胸前平屈后振幅度大。幅度大,肌肉付出的力量也越大;运动负荷大,对人体的影响也越大。因此,选择不同幅度的动作,是改变难度和调节运动量的重要方法之一,也是检验动作质量的重要标志之一。

在徒手体操教学中,选择不同幅度的动作,运用动作幅度的变化,是调节运动量的方法之一。加大或缩小动作的幅度,可以有效地调整动作的难易程度。

四、动作路线

动作路线指做动作时,身体或身体某部位运动的轨迹。采用各种不同的路线,可以有效地培养协调能力,同时改变动作的复杂程度。例如两臂侧举,可由不同的路线来做,可经前至侧举,也可经前上至侧举,还可以两臂向内绕至侧举。因此,选用不同的动作路线,不仅能培养学生的协调能力、改变动作的难度和提高学生练习的兴趣,还能影响肌肉的工作性质,获得不同的练习效果。

在徒手体操教学中,有目的地改变动作路线,使参加活动的肌肉群发生变化,可以建立更多的条件反射联系,提高中枢神经系统对肌肉群的支配能力,更有效地培养练习者的协调性。

五、动作速度

动作速度指单位时间内身体或身体某部位移动的距离,如用一拍的时间做两臂上举比做两臂前举的移动距离长,说明速度快,肌肉付出的力量大,身体紧张程度也高,负荷强度也大。因此,在做操练习中常用变化速度的方法来调节运动负荷的大小,提高锻炼效果。

在教学中,动作速度的变化一般有三种:即快速、慢速和一般速度。动作技术结构较复杂的动作,在教学时,一般先采用慢速度的方法进行,逐步进入普通速度或快速的练习,用速度的变化来调节运动强度的大小,使其更好地完成基本体操的练习效果。

六、动作频率

动作频率指单位时间内动作重复的次数。动作频率与动作速度密切联系,有了动作速度才能增加重复的次数。动作频率的改变与运动负荷直接发生关系,如一拍做两臂上举后振两次和一次,前者比后者频率快一倍,运动肌肉的负荷量也大。因此,为了提高运动负荷常采用改变频率的方法。

七、动作节奏

动作节奏指动作快与慢均匀的、周期性的交替。做动作时合理地支配肌肉,紧张与放松交替进行,掌握合理的节奏,能减少能量的消耗,防止或推迟疲劳的出现,有利于掌握动作,提高锻炼效果。

以上几个因素是相互联系的,在编操时,可根据情况选择以某一个因素为主或几个因素综合运用。

第二节　操的创编原则

基本体操是以徒手体操、轻器械体操为主要内容。为适应各种不同对象锻炼身体的需要,在选择和创编徒手体操、轻器械体操和健美操等成套动作和单个动作时,必须遵守下列各项原则。

一、明确的目的性原则

编排一节或一套徒手体操、轻器械体操时,首先应根据编操的目的、任务和练习对象的需要选择内容,做到有的放矢。编制体育课准备活动的内容,应选编能充分活动身体各部位和大肌肉群、逐步提高身体技能水平的动作,并为基本部分的内容做好准备。编制专门性身体训练的内容,应选编与主项技术在动作结构上相同或相近的比较简单的动作。编制参加比赛的健美体操时,应在竞赛规则的基础上,充分发挥本队的优势,选择独特、新颖,具有一定难度的动作来组成一套动作。编制以健身为目的的大众健美体操时,可根据不同对象选择不同难度的动作,确定不同的运动负荷和时间长短。编制青年健美体操,则应选择节奏强、速度快、有力度、活泼的动作;编制保健性的体操,应选编简单易学、有锻炼价值的动作,以适应不同年龄、性别和健康水平的人练习。

二、针对性原则

应针对练习者的年龄、性别、身体状况、训练水平、场地、气候等条件,因人而异、因地制宜、合理地选编动作。在创编儿童基本体操时,应选编活泼轻快、模仿性强、简单易学的动作,以培养正确的身体姿势,促进身体的全面发展;在创编青年健身体操时,应选编刚健有力、富有朝气、幅度大、变化多、有一定难度的动作;在创编女子健身体操时,应选编优美柔和、美观大方、协调性、节奏感和韵律感较强的动作;在编制老年人健身体操时,则应选编路线简单、幅度较小、速度较慢、起伏不大的动作。

三、科学性原则

编制一套操应科学地安排运动负荷,全面锻炼身体。

(一)全面锻炼身体

全套动作选编的内容,要符合身体全面锻炼的要求。从人体部位来说应包括头颈、上肢、躯干、下肢以及全身动作,从动作方向来说应包括左、右、前、后的动作,从身体素质来说应考虑到力量、速度、柔韧、协调、灵活等,使身体各部位都能得到锻炼。

(二)合理安排负荷

整套动作的运动量应符合人体机能活动的规律,由浅入深、由小到大、由慢到快,逐渐增加运动量。通常的顺序是:上肢或伸展运动,四肢或扩胸运动,踢腿运动,体侧运动,体转运动,腰部、躯干或腹背运动,全身运动,跳跃运动以及整理运动。如果是体育课的准备活动,则整理运动可省略,待体育课结束时再做。成套操一般由 10 节左右组成,每节操重复的次数应根据对象、任务和需要来确定,一般每节为 4×8 拍,需要加大运动负荷的也可用 6×8 拍和 8×8 拍,激烈的跳跃运动一般采用 2×8 拍。

四、创造性原则

基本体操的内容十分丰富,创编整套动作时,尤其是创编体育课的准备活动的内容时,既要从实际出发,又要针对不同的要求创造性地选编动作。要合理地利用影响动作效果的七个因素,不断变化或更新动作内容,选编比较新颖、独具特色的动作,才能激发学生练习的积极性,提高锻炼效果。创编的动作力求朴实大方,有实用价值,动作本身和动作之间的连接要自然,身体各部位的动作配合要协调,动作的难度要适合练习者的水平,但不应单纯追求花样,变化过分频繁,以免影响练习的效果。创编健身操,更应体现创造性和健身特点。无论是个人动作还是集体成套动作,无论是徒手还是持轻器械的练习,动作应体现动态美、韵律美的特点。

第三节 操的创编方法

基本体操动作创编的基础是单人徒手体操动作,它以身体各部位做各种类型动作为核心,再加上影响动作效果的七个因素的各种变化,即可组合成千姿百态、丰富多彩的各种动作。其基本组合形式主要有两种。

一、身体同一部位的组合与变化

身体的同一部位是指上肢的两臂和下肢的两腿,它们所做的相同类型和不同类型动作以及在七个因素方面的组合与变化。

（一）相同类型动作的变化

以两臂同时做举的动作为例,若变化动作方向,则可做左臂前举、右臂侧举;若变化动作路线,则可做左臂经侧至前举、右臂侧举;若变化动作的幅度和速度等,则可做左臂前举、右臂上举等。

（二）不同类型动作的变化

以两腿动作为例,一腿站立,另一腿可做不同方向、不同幅度与不同速度的举、踢等动作;以两臂动作为例,则可做左臂胸前平屈、右臂侧举等动作。

二、身体不同部位的组合与变化

身体的不同部位是指头颈、肩臂、胯腿和腰腹等部位,它们所做的相同类型和不同类型的动作以及在七个因素方面的组合与变化。选编动作时,应突出主要部位,并考虑与其他部位的有机配合。

(一)相同类型动作的变化

以上肢与下肢(一脚站立)为例,可做相同与不同的方向、幅度、路线、速度、频率的举振、屈伸等同类型动作;以上肢、头颈和躯干为例,可做两手交叉屈于头后,同时头前屈;两臂伸至侧上举、头后屈,同时上体后屈等配合。

(二)不同类型动作的变化

以上肢与下肢为例,可做两腿半蹲、两臂前举,两腿伸直、两臂上举,两腿全蹲、两臂侧举等动作的配合。

除上述一些主要的组合与变化外,还可运用:(1)不同做法的变化。如身体各部位的动作可同时做、依次做、轮流做,或对称做。(2)不同方式的变化。如可定位做,也可行进间做徒手体操、跳绳等。

三、成套动作的设计步骤

(一)确定操的用途

明确选编本套徒手操是为学校体育课,还是为课间操或为其他所用,根据具体的用途,确定具体内容。

(二)了解学生情况

了解学生的年级、年龄、性别、生理、心理特点,身体素质和运动技术水平等,使本套徒手操更具有针对性。

(三)确定成套操的名称和节数

根据操的目的、内容和练习形式确定名称和节数。

(四)定出每节操的重复次数

按每节操的要求选编动作,重复次数由每一节操的目的、要求、做操的对象和运动量的大小决定。

（五）试做和修改动作

一般新编的操要有试做、修改过程。在编每节操时，要把编选、试做和修改结合起来，特别是难度大、较为复杂的运动要多试做几次。针对每节操的姿势、动作的方向、部位、路线以及全套操每节动作的衔接、节拍和动作的配合等方面存在的缺陷做必要的修改，还可以征求同行们的意见。如有条件进行试验，对完善成套操会有更大的帮助。

（六）选择乐曲或配曲

选择乐曲的方法一般有先编好动作再选择乐曲，也可先选好乐曲根据音乐的节奏设计动作。

（七）制图、记写动作说明

用图解把选编的动作记录下来，按记写的规定和方法用文字叙述每节、每拍的动作说明。

根据上述步骤，运用影响做操效果的多种因素，掌握徒手体操动作组合及变化的方法，可编制多种多样的成套操。

第六章 徒手体操、轻器械体操的组织与教学

第一节 做操队形的组织

一、做操队形的基本要求

做操队形有长方形、四方形、圆形、半圆形等多种,应根据课的任务、操的内容、人数、场地等具体因素合理选择,并有意识地变换做操队形,使组织形式丰富多彩,以提高学生练习积极性。选择做操队形要考虑以下基本要求。

1.有利于教师(指挥员)的教学和指挥。无论选用何种队形,都应让学生(练习者)看清领操员的示范动作,听清教师(指挥员)的讲解,便于教学和指挥。

2.便于学生进行练习。根据操的内容,左右间隔和前后的距离要合适,以不影响做动作为宜。在进行跳绳、体操棍等轻器械练习时,应据器械和练习要求,间隔和距离要适当增加。操中如有俯(仰)撑动作时,可在原队形的基础上,采用半面向左(右)转的方法,以增加前后距离。

3.要注意自然条件和客观环境。在有阳光或刮风的情况下,要使学生(练习者)背对阳光、风向。并注意影响教学、分散注意力的各种客观因素。

4.要考虑到练习者的年龄和水平。低年级或初学的学生,一般以面向老师的长方形、正方形及其错开的基本队形为宜,高年级或有一定基础的学生,可以选择圆形、面对面变化队形。

二、做操队形的组织方法

合理组织做操队形,对培养学生组织纪律性和学习自觉性有积极的促进作用。经常变换做操队形的组织方法,可以增加学习的新鲜感。结合队列队形练习来组织做操队形,这是衡量体育教师组织能力的一个重要标志之一。

1.队列变换法

这种方法是在队列变换的基础上,根据操的内容和场地条件,教师提出左右间隔和前后距离要求,然后发出向"中"或向"右"看齐的口令来组织做操队形。如二列横队的队形,先通过队列变换使其变为四列横队,再用第一列两臂侧举,其余列两臂前举向右看齐的方法变为做操队形。

2.报数分队法

在队形组织过程中,先通过报数来实现做操队形。通常有两种形式:第一种是间接法,以横队为例,报数后,教师指定各列某数学生上前、不动或后退的步数达到分队和做操的前后距离要求,再采用看齐的方法使左、右保持一定的间隔来组织做操队形。第二种是直接法,在一列横队的基础上,按 7,5,3,不动或 9,6,3,不动等报数,再据所报的数决定上前的步数,直接分队成错开做操队形。

3.图形行进法

这种方法是结合图形练习来组织做操队形,如绕场行进、圆形行进、对角线和蛇形行进等。在行进中要事先提出前后距离要求,为做操练习作好准备。图形行进法是较为简便和快捷的队形组织方法,其组织形式便于学生看清教师的示范,便于教学,更适合行进操和行进跳绳练习。

4.队形变换法

队形变换法是通过队形练习中的变队方法,根据人数分成若干列(路)的队形,再据操的内容,使练习者左右间隔和前后距离符合做操要求,一般采用并、分、裂、合或一路变多路的方法变换队形。这不仅使学生进一步掌握和熟练相对较为复杂的队形变换方法,并使队形的组织方法多样化,也是便捷的分组方法。

第二节　徒手操、轻器械操的教学

一、加强认识教育

操在各级各类学校和各行业的体育活动内容中占有一定的比例和地位,对形成正确姿势、促进身体的全面发展有着很大的锻炼价值,具有广泛的实用性和群众性。由于动作技术简单,其规格要求易被人忽视,练习中往往出现基本姿势不正确,动作不符合要求,达不到应有的练习效果的情况。这必须从提高思想认识着手,使人们真正认识到按动作要领和规格做操的重要性,体会到正确做操的锻炼意义,从而严格要求自己,形成认真做操的良好习惯。

二、正确运用示范

示范是体育教学的主要方法之一,它能使学生建立正确、完整的动作表象,以便更快地掌握动作。因此,示范动作必须清楚、准确、规范、优美。示范位置要根据做操队形选定,应在全体学生都能看得见的地方进行,长方形或正方形的队形应在与前列成等边三角形的顶点;圆形或半圆队形,应在圆心处。如练习人数多,条件许可,应在高台上示范。

示范的形式(示范面)有镜面示范、侧面示范、背面示范。

1.镜面示范:面对学生做动作部位与学生反方向的动作,一般用于显示左右方向,较为简单的动作。这种示范形式有利于学生随同教师做动作,也便于教师观察学生的完成情况。

2.侧面示范:身体侧对学生做动作部位与学生同方向的动作,一般用于显示前后方向的动作,便于学生看清动作方向和要求。如前弓步、上体前屈、两臂后举动作。

3.背面示范:背对学生做动作部位与学生同方向的动作。运动方向,经过路线较复杂,或身体各部位的配合较难的动作,常采用背面示范,便于学生模仿做动作,但不利于教师观察学生练习。

示范要有目的性,应提示学生注意看什么,使之明确观察的目的,并视对象的接受能力和动作的难易程度掌握好示范的速度。容易学会的简单动作应采用常规速度示范,对初学者或比较复杂的动作一般放慢速度示范,对上、下肢或身体各部位动作配合较难,可采用先分解、后完整的教学方法。分解的方法一般有两种:一是上、下肢分解教学,即先教上肢动作,后教下肢动作;二是前四、后四拍分解教学,即先教前四拍,再教后四拍。

三、讲　解

讲解是语言法的主要形式,通过精炼的语言阐明动作的做法、过程、要点、规格,加深对动作的理解。

讲解的目的要明确,讲解的内容要有针对性,讲解的语言要简明扼要、生动形象、通俗易懂,符合少而精的教学要求。讲解的顺序应根据动作的先后进行,一般先讲下肢,再讲上肢,最后讲躯干动作。讲解一定要突出重点,尤其是动作所经过的路线和规格要求,切忌面面俱到。讲解时必须正确运用术语,密切配合示范,使学生的视觉和听觉器官协同作用,以提高教学效果。在教学中,示范、讲解、练习、跟做等方法有着多种的排列顺序和组合方式,要根据操的难易程度、学生的基础和接受能力等具体情况,使教学方法的顺序和组合变化丰富。

四、灵活运用口令

口令是一种命令式的号令,是调动队伍、指挥做操的重要手段。正确的口令是达到动作协调一致整齐划一的基本保证,口令的好坏不仅直接影响做操者的练习情绪,还关系到动作质量和练习效果。因此,口令必须准确、清晰、洪亮、有节奏、有感染力。做操的口令一般分节拍口令和提示口令。

节拍口令用 1~8 的数字表达,呼唱时要根据动作的幅度、用力程度和动作的特点,掌握好轻重缓急、强弱快慢的节奏,充分体现动作的性质。幅度大、路线长的动作,应缓慢些,拉长音调,且深沉有力。刚健的动作,如振和压,应短促有力、音调高而重。柔美的动作,呼唱时应轻而慢,音调柔长些。跳跃动作的音调要短促而轻快;整理运动应轻松缓和,音调低而平。

提示口令是在指挥做操的呼唱过程中,用词语对练习要求的提示性口令,以利学生更好地完成动作。提示口令是在节拍口令的基础上加以运用,其节奏要与节拍口令相吻合。词语要根据练习的实际要求选择。如踢腿运动可呼"1、2、3、4、腿、要、伸、直",需要重复做可呼"5、6、再、做",接下节操时可呼成"5、6、7、腹背运动",总之,提示的内容很丰富。

五、及时纠正错误

动作正确与否,体现了教学质量,也直接影响练习的效果。教师要注意观察学生的完成情况,及时发现和纠正错误。

有些错误是由于体会不到正确的肌肉感觉、无意识地产生的,有些是因学生的基础和日常习惯动作的干扰、不自觉地产生的,有些却是不认真或缺乏认识而造成的,所以纠正错误的措施应有针对性。

当多数学生产生共同性的典型错误时,应停止练习,通过示范和讲解进行集体纠正。如多数学生出现各种不同类型的错误时,可要求练习者一对一地相互纠正。只是个别或少数人的动作有错误,不应停止练习,而是运用提示口令或形体语言的方法纠正错误。

第七章　基本体操竞赛的组织与裁判方法

基本体操的竞赛种类和形式很多,按比赛性质可分质量比赛和数量比赛两种,质量比赛如队列、徒手操以及轻器械操的比赛等等;跳绳及各项身体素质的比赛则属于数量比赛。

通过群众性基本体操比赛,不但能增强体质,养成良好的体态,而且对培养学生的组织性、纪律性、集体荣誉感等良好思想品德的形成有极好的作用。

第一节　基本体操比赛的组织工作

一、制订竞赛规程

竞赛规程是比赛的指导性文件,是所有参赛单位和个人必须遵守的章程。因此,竞赛规程必须简明准确,应根据竞赛的规模和比赛动作的难易程度提前半年,最迟不少于三个月发到参赛单位和有关部门及领导,以便参赛单位做好充分准备。竞赛规程一般包括以下内容。

（一）目的任务

基本体操比赛的目的任务各不相同,友谊赛主要是为了交流经验和增进友谊;教学比赛主要是为了检查教学效果和提高教学质量;队列队形比赛是为了提高队列水平、口令和指挥能力;自编徒手操比赛是为了培养学生创编徒手操能力。

（二）比赛名称

比赛的名称,应用全称,不宜用简称,要说明年度、单位和比赛的名称。

（三）比赛的内容

比赛内容由主管部门根据比赛的性质，规模和实际情况灵活设置，例如：比赛队列、广播体操、健身健美操、生产体操、幼儿体操、自编徒手操等。

（四）参赛单位

根据比赛的任务、规模和经费来确定参赛的单位，学校可按年级或班级为比赛单位，机关、厂矿、企事业单位可以以部门为比赛单位。

（五）比赛的日期和地点

比赛日期的确定，应尽可能不影响或少影响参加者的学习和工作，同时还要考虑季节、气候因素。比赛地点的选择应注意场地设施和交通条件，尽可能符合比赛的要求。

（六）参赛办法

1. 参赛人数。明确各参赛单位的运动员、教练员、领队、医生等名额（由于部门大小，人数上可以有一个比例）。

2. 参赛者条件的规定。明确男女是否分场比赛。如同场比赛，则需说明男女人数的比例。基本体操比赛，由于年龄、性别、健康状况的差异较大，应根据实际情况，明确不同性别、不同年龄层次队员所占的比例。也可以根据不同年龄层次进行比赛。

3. 缺赛人数的扣分规定。在规定必须出满勤的比赛中，对无故不参加比赛的人数要有明确的扣分规定。

4. 比赛办法。要明确比赛的性质、比赛的次数、计分方式，明确比赛场地和队列队形的规定，也可以自行设计队形。确定比赛的出场顺序，其办法一般由抽签决定。明确本次比赛采用的评分规则。如本项比赛没有全国统一的评分规则，则应由主办单位另附规定的比赛规则。

5. 报名与报到。将报名单一式两份，于赛前三个月分别寄到主办单位和承办单位，说明报名单的填写方法。根据比赛规模的大小及比赛项目的特点，确定报名的开始和截止日期，以及报到的日期。

（七）录取名次与奖励

根据参赛队的数量及主办单位的条件，按一定比例设立团体、个人和其他单项奖励名额。

（八）其他

裁判员的选派办法、仲裁委员会的人员组成和职责范围、特殊规定和要求等未尽事宜由承办单位另行通知。

二、建立比赛组织机构

为了保证比赛的顺利进行,要根据比赛规模的大小建立相应的组织机构。大型比赛应成立大会组织委员会,中小型比赛可由主办单位、承办单位、各参赛单位的领队及总裁判长组成竞赛委员会,并由竞委会负责人召开领队等有关方面的联席会议,解释竞赛规程和评分规则,以及抽签决定比赛顺序和安排试用场地等方面的问题。

三、编印秩序册

竞赛处根据各队报名情况及竞赛规程,在确定比赛顺序和比赛场次后,总记录处应尽快编印秩序册,其主要内容包括竞赛规程、组委会或竞委会、大会办事机构、仲裁委员会、裁判员名单、参赛单位、大会活动日程安排、竞赛日程或比赛顺序、比赛场地示意图等。

四、做好比赛场地和器材的准备工作

赛前应设计和复印必要的裁判员评分表、比赛成绩记录表等竞赛应用表格,做好划分场地、确立标志、安装音响设备等后勤工作,同时准备好必要的裁判评分用具。

五、组织裁判学习

赛前首先由总裁判长对裁判员进行分工,然后用一定的时间学习竞赛规程和评分规则,学习评分因素、评分内容和评分方法,统一评分标准,到现场观看各代表队练习并进行试评。

第二节　基本体操各项比赛的进行与裁判

一、队列比赛

1.评分的一般方法

（1）裁判位置

裁判长在中间，4个裁判员在场地四角就坐，负责观察该区运动员的动作。人数较少时，裁判可坐一排（见图 7－1）

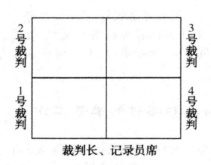

裁判长、记录员席

图 7－1

（2）裁判评分

当一个队比赛完毕，其他四位裁判在裁判长的信号示意下，同时公开示分，随之裁判长亮最后得分。

（3）最后得分的计算

删去最高和最低分，取其余两个分的平均数再减去出勤人数不足的扣分，为该队的最后得分。

（4）四个裁判分中，如果两个中间分的评分差距超过 1 分时，裁判长有权召集全体、某些或某个裁判员进行磋商，把分数调整到不超过 1 分。

（5）得分相等的处理：如果两队或若干队得分相等，则看裁判长对该队评分的多少，多者列前，如仍相等则并列。

2.队列队形的评分因素

队列队形比赛可根据正确、整齐、指挥、印象等四个方面评分。满分为 10.0

分,其中,正确(4.0分),整齐(4.0分),指挥(1.0分),印象(1.0分)。

3.完成技术和姿势错误的确定

(1)在队列队形比赛中,每个动作都被定义为正确的姿势,或被定义为完美的完成情况。

(2)所有与正确姿势的偏差均视为完成中的错误,裁判员要对其进行评判,根据与正确姿势偏差的程度决定小、中、大的错误扣分。

(3)当与正确动作发生技术性偏差时,要进行相应扣分,扣分原则同姿势错误扣分。

小错扣0.1分,中错扣0.2分,大错扣0.3分。在进行队列队形比赛时,某运动员做了跟正确动作相反方向的动作,则扣0.5分。

二、徒手操比赛

1.评分的一般方法

(1)裁判位置

裁判员的座位应设在1.5~2.0米高的台子或凳子上,能清楚地观察到运动员所做的动作,裁判员从左至右以顺时针就坐(见图7-2)。一般裁判员坐成一排为宜,但要保持一定的距离。

3 2 1 裁判长 记录员 6 5 4
数字表示裁判员
图 7-2

(2)裁判评分

每队做操结束后,裁判员将分数填在评分单上,由记录员交给裁判长,裁判长示意后裁判员统一亮分。

(3)最后得分的计算

6个裁判分中,去掉一个最高和最低分,取中间4个裁判的平均分减去缺勤人数的扣分为最后得分。

(4)得分相等处理

如两队或若干队得分相等,则看裁判长对该队评分的多少,高者列前,如仍相等则并列。

2．评分因素

徒手操比赛可根据正确、整齐、准确、领操员、印象五个方面评分，10.0 分为满分。正确(3.0)，整齐(3.0)，准确(2.0)，领操员(1.0)，印象(1.0)。

正确是指姿势要正确，如臂、腿弯屈等与动作正确要求有出入的地方均称为不正确。要根据每节操出现的错误情况进行扣分。

整齐主要是指完成动作时的一致性。整齐度是衡量集体做操质量的尺度，在做动作过程中有不整齐的地方均要扣分。

准确即动作要到位。身体某部位的动作方向、角度、路线、幅度和结束姿势，是否符合要求，如两臂侧上举，应将两臂伸直，经前、侧上的方向和路线，位于上举与侧举之间 45°，掌心相对为标准。只有在姿势正确的基础上，才能达到准确。

指挥是指指挥员的仪表是否端庄，指挥员的位置是否合适，口令是否清晰、洪亮、悦耳、及时，动作是否正确，队列操练是否利用了整个场地等。

印象是指全体队员出入场和比赛过程中的精神面貌，是否认真以及服装是否一致等。

3．徒手操评分内容

1．规定动作的评分

（1）对动作技术和身体姿势错误的扣分：轻微错误扣 0.1～0.2 分，显著错误扣 0.3～0.5 分，严重错误扣 0.6～1.0 分(见表 7－1)。

（2）徒手体操比赛时，相同错误在一节内重复出现，只扣一次最严重的错误，但下节又出现同样的错误仍要扣分，队列比赛时，对每次的动作错误均要扣分。

（3）漏做扣分：每漏做一节或部分节拍，扣去漏做动作的全部或部分分值。

（4）参赛人数与竞赛规程要求不符：由裁判长在该队总分中扣除，至于每缺席一人该扣几分，则可由主办单位事先明确规定。

2．自选动作评分

自选动作的评分一般从完成情况、组织编排和其他(包括音乐，队形变化和印象等)三个方面进行。

表 7 – 1　不同类型错误扣分表

	轻微错误 扣 0.1 ~ 0.2	显著错误 扣 0.3 ~ 0.5	严重错误 扣 0.6 ~ 1.0
正确	个别人出现与正确动作有微小偏差	少数人出现与正确动作有微小的偏差 个别人出现与正确动作有明显的偏差	一部分人出现与正确动作有微小的偏差 少数人出现与正确动作有明显的偏差
整齐	个别人不合节拍,动作有时不齐	少数人出现动作不一致	一部分人出现动作不一致
准确	个别人动作到位程度差	少数人出现动作到位程度差	一部分人出现动作不到位
领操指挥员	仪表不够端庄,口令不够清晰,站位不合适,动作不够准确,措施不合理,	口令有错误,仪表差,动作不正确,	
印象	精神不够振奋,着装不一致,出入场不及时,个别人不认真	精神不振奋,少数人不认真	

注:"个别人"指不超过总人数的 10%,"少数人"指不超过总人数 30%,"一部分人"指超过总人数的 30% 以上。

自选动作分值的分配:自选动作的特点主要体现在一套动作或一套操的动作选编上,它反映了运动员、教练员的创编能力和艺术水平。自编操的难度、动作类型的选择、动作的新颖程度和表演的异样性,是确定自编操评分的重要因素。其分值分配可参照表 7 – 2。

表 7 – 2　自选动作比赛评分内容参照表

种类	完成情况	组织编排	其他	说　　明
1	5.0	4.0	1.0	分值的分配比例可根据实际情况调整
2	4.5	4.0	1.5	
3	4.0	4.0	2.0	

自选动作的编排评分:动作编排评分包括难度、动作类型、动作新颖性、队形变化、音乐和印象等方面。

自选动作的完成情况评分:主要从动作技术和身体姿势的要求看完成情况。扣分标准可参照表 7 – 1。

在徒手操的组织编排评分中,裁判组在制订评分细则时,可适当增减其内容和分值比例,由裁判组根据细则执行。

三、跳绳比赛

跳绳比赛是一项很好的群众性基本体操比赛项目,一般有数量、接力、花样比赛等。

1. 数量比赛

可以组织个人或成队比赛,成队参加的形式有全班和选派代表队参加两种。具体采用何种,可视举办比赛的目的而定。成绩计算:个人在规定的时间内跳的次数,数量多者列前,成绩相等则名次并列。如需要决出名次,可再加赛一次。成队成绩计算:

$$\frac{成队跳次之和}{成队人数} = 成队成绩$$

如成绩相等,以某队在比赛中跳的次数最多者列前,如仍相等,视次高者列前,如再相等,依次类推。

2. 接力比赛

有定点接力和迎面接力等。参加的方式有全班参加和选派代表队参加两种。定点接力,以每班选出 6 名同学为例,每人跳 200 次,当第一位跳完后,下一位同学接着跳,依次进行,直至最后一名学生跳完,以哪个队率先到达终点为胜者。

接力比赛.每组设裁判长一名,负责记数;并设计时员一名,负责计时工作;记录员一名,负责把每个运动员所用时间、中断次数及全队总时间记录下来。

比赛可采用男、女分组进行,也可以采用男女混合进行。

团体成绩计算:全队所用的时间最少者或在规定时间内完成次数多者,名次列前。成绩相等处理:团体成绩相等,则以全队某一运动员成绩最好者,名次列前;如仍相等,视次高者列前;依次类推。

3. 跳绳比赛应注意的几个问题

(1)跳的方法应在规程里写明,如双脚跳、单脚跳、交换脚跳等,还应写明是一摇一跳,不是其他跳法。

(2)接力比赛可以用两根绳子,使比赛紧凑、激烈。

(3)比赛分组要事先核准,以免出现差错,每组在各自的区域进行比赛。

(4)加强维持赛场周围的秩序,以保证比赛的顺利进行。

基本体操比赛,目前在我国还没有统一的评分规则,各地区、各单位可根据本地区、本单位的实际情况和要求自定评分方法。通过基本体操比赛,在实践中不断总结经验,丰富和完善比赛与评分方法。

第八章 成套操练习范例

第一套 单人定位徒手操

第一节 上肢运动（2×8）

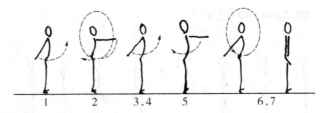

预备姿势：直立。

1—两臂前摆。2—两臂后摆。3—4 两臂向前绕还一周半至前摆。5—两臂后摆。6—同 1。7,8—两臂向下绕环至下垂。

第二节 扩胸运动（2×8）

预备姿势：直立。

1—左臂侧举,右臂胸前平屈后振一次。2—右臂侧举,左臂胸前平屈后振一次。3—两臂侧举后振一次。4—还原成预备。5~8同 1~4。

第三节　下肢运动（2×8）

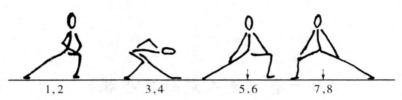

1,2　　　　3,4　　　　5,6　　　　7,8

预备姿势：直立。

1,2—左脚前出成弓步，两手护膝下压两次。3,4—左腿伸直，右腿屈膝，两手叉腰，上体前屈下压两次。5,6—身体向右转90°，左腿屈膝成侧弓步，下压两次。7,8—同5,6，惟方向相反。

第四节　踢腿运动（2×8）

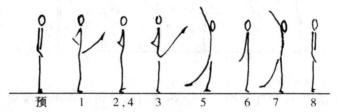

预　　1　　2,4　　3　　5　　6　　7　　8

预备姿势：直立。

1—左腿前踢，同时两手叉腰。2—左腿还原。3—右腿前踢。4—右腿还原。5—左腿后踢，同时两臂经前至上举后振。6—左腿还原，同时两臂经前落下自然后摆。7—同5，但换右腿做。8—还原成预备姿势。

第五节　体侧运动（2×8）

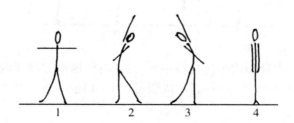

1　　　　2　　　　3　　　　4

预备姿势:直立。

1—左脚侧出成开立,同时两臂侧举。2—左脚侧点地,左臂前举右臂上举,上体左屈一次。3—同2,但方向相反。4—还原成预备。5~8同1~4,但出右脚,先向右侧屈。

第六节　体转运动(2×8)

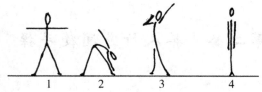

预备姿势:直立。

1—左脚向左跨出一步,同时两臂侧举。2—上体前屈左转至右手触左脚面。3—抬上体,两手握拳(拳心相对),右臂侧上举,左臂胸前平屈,同时上体向右转90°。4—还原成预备姿势。5~8同1~4,但出右脚做。

第七节　腹背运动(2×8)

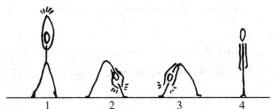

预备姿势:直立。

1—左脚侧出成开立,两臂上举击掌一次。2—上体前屈,两手左腿后击掌一次。3—两手右腿后击掌一次。4—还原成预备。5~8同1~4,但出右脚做。

第八节　跳跃运动(2×8)

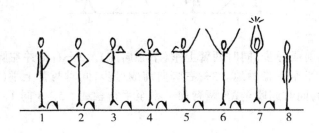

预备姿势:直立。

1,2—上跳两次,左、右手依次叉腰。3,4—同1,2,但左、右臂依次成肩侧屈。5,6—同1,2,但左、右臂依次上举。7—上跳一次,两臂上举击掌一次。8—还原成预备。

第二套 单人行进间徒手操

第一节 上肢运动(4×8)

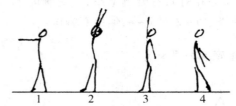

预备姿势:直立。

1—左脚向前一步,同时两臂前举。2—右脚向前一步,同时两臂上举。3—左脚向前一步。同时两臂侧举。4—右脚向前一步,同时两臂摆至后举。5~8同1~4。

第二节 下蹲运动(4×8)

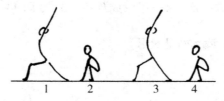

预备姿势:直立。

1—左脚向前成弓步,同时两臂上举(掌心向前)。2—右脚并左脚,同时屈膝全蹲,两臂前下举至手指触地。3—右脚向前成弓步,同时两臂上举(掌心向前)。4—左脚并右脚,同时屈膝全蹲,两臂前下举至手指触地。5~8同1~4。

第三节　扩胸运动（4×8）

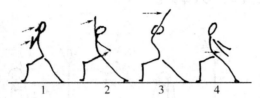

预备姿势：直立。

1——左脚向前成弓步，同时两臂胸前平屈后振一次。2——右脚向前成弓步，同时两臂侧举后振一次。3——两臂向后绕至上举后振一次（掌心向前）。4——两臂后举后振一次（掌心向后）。5～8同1～4。

第四节　踢腿运动（4×8）

预备姿势：直立。

1——左脚前出成弓步，同时两臂上举。2——左腿伸直，右腿前踢，同时两臂摆至后举（掌心向后）。3——还原成1。4——右脚向前并左脚，还原成预备。5～8同1～4，但出右脚踢左腿。

第五节　体前后屈运动（4×8）

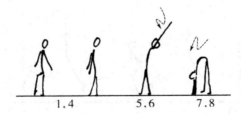

预备姿势：直立。

1，4——左脚开始向前走三步，第四拍成两脚左右开立，两臂自然摆动。5，6——两臂上举，上体后屈。7，8——上体前屈至手指触地。

第六节 腹背运动(4×8)

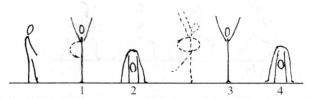

预备姿势:直立。

1—左脚向前一步向右转体90°,同时两臂侧上举。2—上体前屈,手指触地。3—右脚向前一步,从左向后转体180°,同时两臂侧上举。4—同2。5~8同1~4。

第七节 全身运动(4×8)

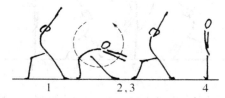

预备姿势:直立。

1—左脚向前成弓步,同时两臂侧上举。2,3—上体向前绕旋成1的姿势。4—右脚前并还原成预备姿势。5~8同1~4,但出右脚做。

第八节 跳跃运动(2×8)

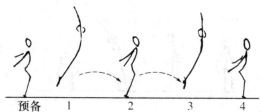

预备姿势:半蹲,两臂后举。

1—向前挺身跳起,同时两臂摆至上举(掌心向前)。2—还原成预备姿势。

3—同1。4—同2。5~8同1~4。

第三套　双人定位徒手操

第一节　上肢运动(4×8)

预备姿势：两人面向右弓步站立，两手互握。

1~8两人依次做臂屈伸动作。

第二节　下蹲运动(4×8)

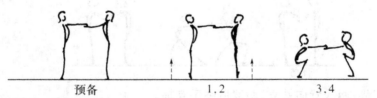

预备姿势：两人面向站立，两手互握。

1,2—提踵(梗头、收腹)。3,4—屈膝全蹲。5,6—同1,2。7,8—还原成预备
姿势。

第三节　踢腿运动(4×8)

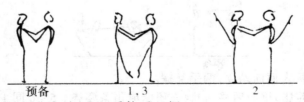

预备姿势：两人背向站立，两手体后互握。

1—左脚向前一步,右脚尖点地。2—右腿前踢。3—还原成1的姿势。4—还原成预备姿势。5~8同1~4,但出右脚踢左腿。

第四节　体侧屈运动(4×8)

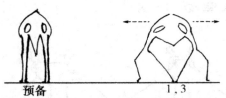

预备姿势:两人并肩站立,外侧臂上举,内侧臂下垂,两手互握。

1—外侧脚侧出一步。2—还原成预备姿势。3—同1。4—外侧脚收回,同时向后转体180°。5~8同1~4。

第五节　体后屈运动(4×8)

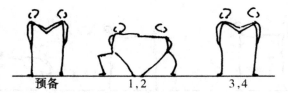

预备姿势:两人背向站立,两臂后举手互握。

1,2—左脚前出成弓步,上体后屈。3,4—还原成预备姿势。5~8同1~4,但出右脚做。

第六节　体前屈运动(4×8)

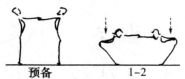

预备姿势:两人面向站立,两手互握。

1,2—上体前屈,重心后移。3,4—还原成预备姿势。5~8同1~4。

第七节　平衡运动（4×8）

预备　　　　　1—4

预备姿势：面向站立，两臂前举手互握。

1~4—上体前屈，右腿后举成燕式平衡。5~8—还原成预备姿势。第二个
8拍同第一个8拍，但换左腿后举。

第八节　跳跃运动（2×8）

预备　　　　　1—2

预备姿势：两人面向全蹲，两臂前举手互握。

1—跳起左腿前伸，脚跟着地。2—跳起还原成预备姿势。3—跳起右腿前
伸，脚跟着地。4—跳起还原成预备姿势。5~8同1~4。

第四套　单人定位棍操（一）

第一节　上肢运动（4×8）

预备,4　　　　1　　　　2　　　　3

预备姿势：持棍下垂。

1—左脚侧出一步，同时左臂侧举，右手滑至棍端成胸前平屈(眼看棍)。2—右手滑棍至正握，两臂上举(抬头挺胸)。3—右臂侧举，左手滑棍至棍端成胸前平屈(眼看棍)。4—还原成预备姿势。5～8同1～4，但出右脚做。

第二节　下肢运动（4×8）

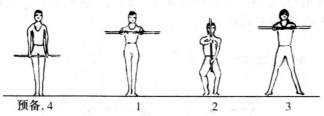

预备,4　　　　　　1　　　　　　2　　　　　　3

预备姿势：持棍下垂。

1—起踵，同时两臂前举。2—屈膝半蹲，同时棍成竖直(右臂在上)。3—左脚侧出一步，两臂前举。4—还原成预备。5～8同1～4，但出右脚做。

第三节　踢腿运动（4×8）

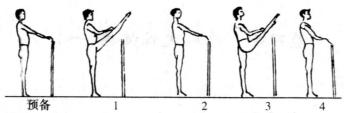

预备　　　　1　　　　　2　　　　3　　　　4

预备姿势：右手扶垂直棍于体前。

1—左腿踢起绕过棍。2—直立，左手扶棍。3—右腿踢起绕过棍。4—直立，右手扶棍。5～8同1～4。

第四节　体侧运动（4×8）

预备姿势：持棍下垂。

1—左脚侧出一小步(脚尖点地)，右臂侧上举，左手滑至棍端贴右胸。2,3—上体向左侧屈两次。4—还原成预备姿势。5～8同1～4，但出右脚做。

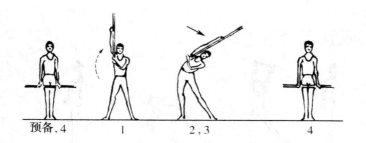

预备.4　　　　1　　　　2,3　　　　4

第五节　体转运动（4×8）

预备　　　　1　　　　2,3　　　　4

预备姿势：持棍下垂。

1—左脚侧出一步，同时两臂经上肩侧屈，置棍于肩胛上。2,3—向左体转两次。4—还原成预备姿势。5~8同1~4，但出右脚，方向相反。

第六节　体绕环运动（4×8）

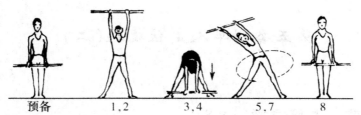

预备　　　　1,2　　　　3,4　　　　5,7　　　　8

预备姿势：持棍下垂。

1—左脚向左一步，同时两臂上举（抬头挺胸，上体后屈）。2—再后屈一次。3,4—上体前屈二次。5~7—上体向右绕旋一周。8—还原成预备姿势。第二个8拍同第一个8拍，但出右脚，方向相反。

第七节　全身运动（4×8）

预备姿势：持棍下垂。

1—左脚向前一大步成弓步，同时两臂上举。2—上体前屈。3—还原成1的

预备　　　　1,3　　　　2　　　　4

姿势。4—还原成预备姿势。5~8同1~4,但换右脚做。

第八节　跳跃运动(2×8)

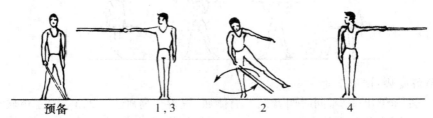

预备　　　　1,3　　　　2　　　　4

预备姿势:持棍稍息。

1—直立,右臂侧举。2,3—两脚依次跳起,同时棍端触地绕旋一周,还原成1的姿势。4—直立,左手握棍端,左臂侧举。5~8同1~4,但换左手持棍。

第五套　单人定位棍操(二)

第一节　上肢运动(4×8)

预备　　　1　　　2　　　3　　　4

预备姿势:持棍下垂(宽握棍)。

1—左脚侧出一步,同时两臂上举。2—向后转肩至两臂下垂。3—向前转肩成1的姿势。4—还原成预备姿势。5~8同1~4,但出右脚做。

第二节 肩部运动(4×8)

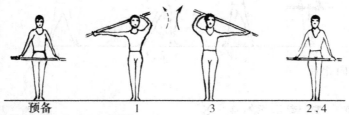

预备　　　　　　　　1　　　　　　　3　　　　　　2,4

预备姿势:持棍下垂(宽握棍)。

1—两臂向左绕至右臂侧举,左臂肩侧屈,置棍于头后。2—还原成预备姿势。3—两臂向右绕至左臂侧举,右臂肩侧屈,置棍于头后。4—还原成预备姿势。5~8同1~4,但方向相反。

第三节 踢腿运动(4×8)

预备　　　(一)1,3　　　2　　　(二)1,3　　　2

预备姿势:持棍下垂。

第一个8拍:1—两臂前举。2—左腿侧踢,同时右臂在上竖棍于体前。3—还原成1的姿势。4—还原成预备姿势。5~8同1~4,但换右腿做。

第二个8拍:1—左脚向前一步,后脚尖点地,同时两臂上举。2—右腿前踢,同时两臂向右侧后摆。3—还原成1的姿势。4—还原成预备姿势。5~8同1~4,但换右脚做。第三个8拍同第一个8拍,第四个8拍同第二个8拍。

第四节 体侧运动(4×8)

预备姿势:持棍下垂。

1—左脚向左侧出一步,同时两臂上举。2—两臂交叉置横棍于胸前(右臂在上),向左侧屈一次。3—再向左侧屈一次。4—还原成预备姿势。5~8同1~4,

但出右脚,方向相反。

第五节　体转运动(4×8)

预备姿势:持棍下垂。

1—左脚向左侧出一步,同时两臂前举。2—左臂侧举,右手滑至棍端,右臂胸前平屈,同时向左转体一次。3—同1。4—还原成预备姿势。5～8同1～4,但出右脚向右转体。

第六节　腹背运动(4×8)

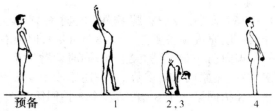

预备姿势:持棍下垂。

1—左脚侧出一步,同时两臂上举(抬头挺胸)。2,3—上体前屈二次。4—还原成预备姿势。5～8同1～4,但出右脚做。

第七节　全身运动(4×8)

预备姿势:持棍下垂(宽握棍)。

1—左脚向左后方一步成弓步,两臂经上,右手握棍臂侧上举,左臂侧下举。2—棍向下绕环一周。3—棍向上绕环一周。4—还原成预备姿势。5~8同1~4,但出右脚,左手持棍。

第八节　跳跃运动(2×8)

预备姿势:持棍下垂。

1—跳起成开立,同时两臂屈肘胸前交叉(右臂在上)。2—跳起成并立,同时两臂上举。3—同1。4—还原成预备。5~8同1~4,但左臂在上。

第六套　单人定位实心球操

第一节　上肢运动(4×8)

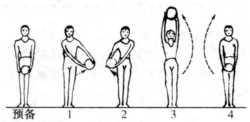

预备姿势:双手腹前持球。

1—两臂向左侧摆。2—两臂向右侧摆。3—两臂向左绕至上举。4—两臂向右绕至体前成预备姿势。5~8同1~4,但方向相反。

第二节　下肢运动(4×8)

预备姿势:双手腹前持球。

1—两臂前举。2—屈膝半蹲,同时两臂上举。3—还原成1的姿势。4—还原成预备姿势。5~8同1~4。

第三节　踢腿运动(4×8)

预备姿势:双手腹前持球。

1—左脚向前一步(右脚尖点地),同时两臂上举。2—右腿前踢,同时两臂前

举。3—还原成 1 的姿势。4—还原成预备姿势。5~8同1~4,但出右脚做。

第四节 体侧运动(4×8)

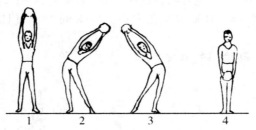

预备姿势:双手腹前持球。

1—左脚向左侧出一步(与肩同宽),同时两臂上举。2—上体向左侧屈(左脚尖点地)。3—上体向右侧屈(右脚尖点地)。4—还原成预备姿势。5~8同1~4,但出右脚先向右侧屈。

第五节 体转运动(4×8)

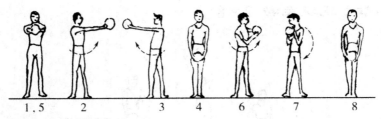

预备姿势:双手腹前持球。

1—左脚向左侧出一步,同时两臂前举。2—上体向左转体90°。3—上体向右转体180°。4—还原成预备姿势。5—右脚向右侧出一步,同时两臂前举。6—屈臂置球于胸前,同时上体向右转体90°。7—上体向左转体180°。8—还原成预备姿势。

第六节　腹背运动（4×8）

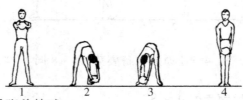

预备姿势：双手腹前持球。

1—左脚向左侧出一步,同时两臂前举。2—上体前屈至球触左脚背。3—上体前屈至球触右脚背。4—还原成预备姿势。5～8同1～4,但出右脚做。

第七节　全身运动（4×8）

预备姿势：双手腹前持球。

1—屈膝全蹲至球触地。2—俯撑。3—还原成1的姿势。4—还原成预备姿势。5～8同1～4。

第八节　跳跃运动（2×8）

预备姿势：双手腹前持球。

1—左脚侧出一步屈膝半蹲。2—两脚用力跳起,同时两手用力向上抛球。

3—双手接球还原成 1 的姿势。4—还原成预备姿势。5~8同1~4,但出右脚做。

第七套 单人行进间实心球操

第一节 伸展运动(2×8)

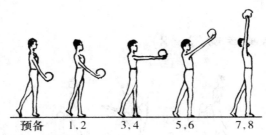

预备   1,2   3,4   5,6   7,8

预备姿势:行进中双手持球于腹前。

　　1,2—由左脚开始向前走两步,两臂前下举。3,4—由左脚开始向前走两步,两臂前举。5,6—由左脚开始向前走两步,两臂前上举。7,8—由左脚开始向前走两步,两臂上举。第二个 8 拍球由上往下举,最后还原成预备姿势。

第二节 肩绕环运动(2×8)

1—4   5—8   最后一拍

预备姿势:行进中双手持球于腹前。

　　1~4—由左脚开始向前走四步,两臂前举。5~8—由左脚开始向前走四步,同时左手托球,右臂向上绕环两周。第二个 8 拍同第一个 8 拍,但换右手托球。

第三节 腰部传球(2×8)

预备姿势:行进中双手持球于腹前。

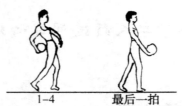

1~4—由左脚开始向前走四步,右手将球从右后经左手传至腹前。5~8同1~4,但传球方向相反。

第四节　踢腿运动(2×8)

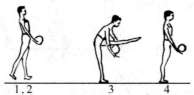

预备姿势:行进中双手持球于腹前。

1,2—由左脚开始向前走二步。3,4—左脚向前上踢起,同时左手将球从左腿下传递给右手成直立。5~8同1~4,但出右脚。

第五节　体转运动(2×8)

预备姿势:行进中双手持球于腹前。

1—左脚向前一步,同时双手胸前持球向左转体一次。2—右脚向前一步,同时双手胸前持球向右转体一次。3,4—同1,2;5~8同1~4。

第六节　体前屈运动(2×8)

预备姿势:行进中双手持球于腹前。

1~4—由左脚开始向前走四步成左右开立。5,6—上体前屈,左手将球从左

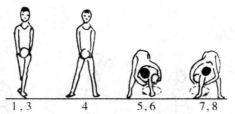

1,3   4   5,6   7,8

腿外侧经左腿后至胯下传递给右手。7,8—上体前屈,右手将球从右腿外侧经右腿后至胯下传给左手成预备姿势。第二个8拍同第一个8拍。

第七节　单手抛接球(2×8)

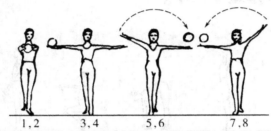

1,2   3,4   5,6   7,8

预备姿势:行进中双手持球于腹前。

1,2—由左脚开始向前走两步,两臂前举。3,4—由左脚开始向前走两步,两手持球经上成右手托球的两臂侧平举。5,6—由左脚开始向前走两步,右手将球经头顶抛至左手。7,8—由左脚开始向前走两步,左手将球经头顶抛至右手还原成预备。

第八套　单人定位绳操(一)

第一节　伸展运动(4×8)

预备姿势:直立,两手持四折绳于腹前。

1—左脚侧出一步,同时两臂前举。2—向左转体90°(右脚点地),同时两臂向下绕至上举(抬头挺胸)。3—还原成1的姿势。4—还原成预备姿势。5~8同1~4,但出右脚向右转体。

预备　　　　　1,3　　　　　2　　　　　　4

第二节　下蹲运动(4×8)

预备　　　　1　　　　2　　　　3　　　　4

预备姿势:直立,两手持四折绳于腹前。

1—两臂上举,抬头挺胸。2—上体前屈,手指触地。3—起踵屈膝全蹲,同时两臂前举。4—还原成预备姿势。5～8同1~4。

第三节　踢腿运动(4×8)

预备　　　　1　　　　2　　　　3　　　　4

预备姿势:直立,两手持四折绳于腹前。

1—左脚前出一步,重心前移,右前脚掌点地,同时两臂上举(抬头)。2—右腿向前上踢起,同时两臂向右后摆。3—还原成1的姿势。4—还原成预备姿势。5～8同1~4,但右脚前出踢左腿。

第四节　体侧运动（4×8）

预备　　1　　　2　　　3　　　4

预备姿势：直立，两手持四折绳于腹前。

1—左脚向左侧出一步，同时两臂前举。2—两臂经下绕至左臂上举右臂胸前平屈，同时上体向右侧屈一次。3—再向右侧屈一次。4—还原成预备姿势。5~8同1~4，但出右脚向左侧屈。

第五节　体转运动（4×8）

1　　2　　　3　　　4　5，7　　6　　　8

预备姿势：直立，两手持四折绳于腹前。

1—左脚向左侧出一步，同时两臂前举。2—上体向左转体90°。3—上体向右转体180°。4—还原成预备姿势。5—左脚向前一大步成前弓步，同时两臂上举。6—上体前倾稍向右转，同时两臂向下绕至右臂侧举左臂胸前平屈。7—还原成5的姿势。8—还原成预备姿势。第二个8拍同第一个8拍，但出右脚做。

第六节　腹背运动（4×8）

预备姿势：直立，两手持四折绳于腹前。

1—左脚前出成弓步，同时两臂上举。2—左脚还原，上体前屈，两手触地。3—再前屈一次。4—还原成预备姿势。5~8同1~4，但出右脚做。

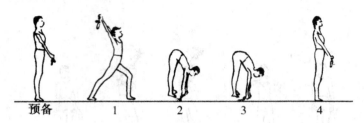

预备　　　1　　　2　　　3　　　4

第七节　全身运动

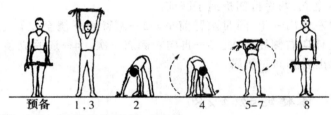

预备　　1，3　　2　　　4　　5～7　　8

预备姿势：直立,两手持四折绳于腹前。

1—左脚向左侧出一步,同时两臂上举(抬头挺胸)。2—上体向右侧前屈,至两手在右脚外侧触地。3—还原成1的姿势。4—上体向左侧前屈,至两手在左脚外侧触地。5～8—上体向右绕环一周还原成预备姿势。第二个8拍同第一个8拍,但出右脚方向相反。

第八节　跳跃运动(2×8)

预备　　　　1　　　　3　　　2，4

预备姿势：直立,两手持四折绳于腹前。

1—两脚跳起成左前弓步,同时两臂上举。2—跳起还原成预备姿势。3—两脚跳起成右前弓步,同时两臂上举。4—跳起还原成预备姿势。5～8同1～4。

第九套 单人定位绳操(二)

第一节 转肩运动(4×8)

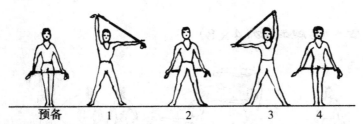

预备   1   2   3   4

预备姿势:直立,持二折绳于腹前。

1—左脚侧出一步与肩同宽,同时右臂上举左臂侧举(抬头挺胸)。2—向后转肩。3—向前转肩至左臂上举右臂侧举(抬头挺胸)。4—还原成预备姿势。5~8同1~4,但出右脚做。

第二节 体前后屈运动(4×8)

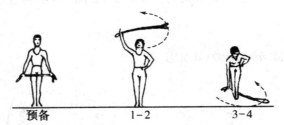

预备   1-2   3-4

预备姿势:直立,持二折绳于腹前。

1,2—左手叉腰,右手按逆时针方向在头上挥绳两圈。3,4—上体前屈,双脚连续跳两次,同时右手挥绳在脚下绕两圈。5~8同1~4,但换手挥绳。

第三节 下肢运动(4×8)

预备姿势:直立,两手体侧握绳把(绳在体后)。

1—前摇双脚跳一次。2—前摇,前脚掌踩绳。3—上体前屈。4—左脚向前一步成弓步(右脚踩绳)。5~8同1~4,但换右脚做。

第四节 踢腿运动(4×8)

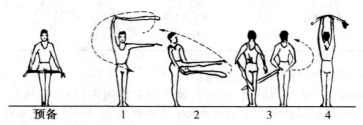

预备姿势:直立,持二折绳于腹前。

1—右手按逆时针方向在头上挥绳一周,同时向左转体90°。2—踢左腿,同时右手从腿下将绳传给左手。3—继续向左转体90°,左手从体后将绳传给右手。4—右手挥绳至头上,左手接绳成两臂上举。5～8同1～4,但左手顺时针挥绳,踢右腿。

第五节 体转运动(4×8)

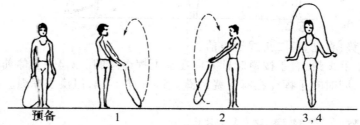

预备姿势:直立,两手体侧握绳把(绳在体后)。

1—两臂经上向左后侧挥绳一圈,同时上体左转90°。2—两臂经上向右后侧挥绳一圈,同时上体右转180°。3,4—上体左转90°,前摇并脚跳两次。5～8同1～4,惟方向相反。

第六节　平衡运动（2×8）

预备　　　　1　　　　2,3　　　　4

预备姿势：直立,持二折绳于腹前。

1～3—左脚向前一小步,上体前屈右腿后举,同时两臂上举成燕式平衡。4—还原成预备姿势。5～8同1～4,但出右脚做。

第七节　全身运动（4×8）

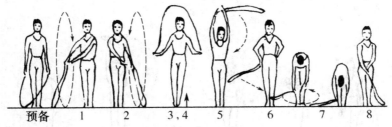

预备　　1　　2　　3,4　　5　　6　　7　　8

预备姿势：直立,两手体侧握绳把(绳在体前)。

1—两臂由前向后在上体右侧挥绳一圈。2—在身体左侧挥绳一圈。3,4—前摇双脚跳二次。5—左手握二折绳一端,在头上挥绳一圈。6—左手挥绳至体后将绳交给右手。7—上体前屈,右手挥绳至体前交给左手,左手在小腿后交给右手。8—右手挥绳至体前成预备姿势。

第八节　跳跃运动（2×8）

预备姿势：直立,两手体侧握绳把(绳在体前)。

1,2—向左侧跳两步,同时两臂向左上经右绕环两次。3—向左转体90°,后摇双脚跳一次。4—跳起,同时向右转体90°成预备姿势。5～8同1～4,但方向相反。

预备　　　　　　　　　　1,2　　　　3　　　4

第十套　单人定位哑铃操

第一节　伸展运动（4×8）

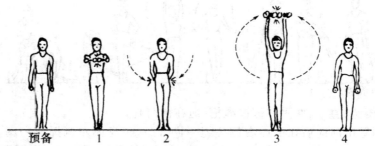

预备　　　1　　　2　　　3　　　4

预备姿势:直立,两手持哑铃于体侧下垂。

1—起踵,两臂经侧前举单锤相击一次。2—直立,两臂后举单锤相击一次。3—起踵,两臂上举单锤相击一次。4—还原成预备姿势。5～8同1～4。

第二节　冲拳运动（4×8）

预备姿势:直立,两手持哑铃于体侧下垂。

1—左脚侧出成马步,同时左手向前冲拳,右手贴于体侧腰间。2—右手向前冲拳。3—双锤相击一次。4—还原成预备姿势。5～8同1～4,但出右脚做。

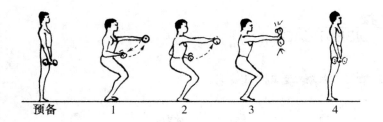

预备　　　　　1　　　　　2　　　　　3　　　　　4

第三节　踢腿运动（4×8）

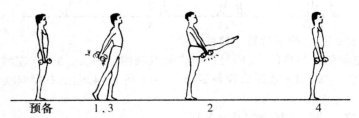

预备　　　　1,3　　　　　2　　　　　4

预备姿势:直立,两手持哑铃于体侧下垂。

1—左脚向前一步(后脚尖点地),同时两臂后举双锤相击一次。2—右腿向前上踢起,同时在右腿下双锤相击一次。3—还原成1的姿势。4—还原成预备姿势。5~8同1~4,但出右脚做。

第四节　体侧运动（4×8）

预备　　　　　1,2　　　　　3　　　　　4

预备姿势:直立,右手持哑铃臂侧举,左手持哑铃臂胸前平屈。

1,2—左脚侧出一步,同时两臂向下绕环至上举。3—上体向右侧屈,同时双锤相击一次。4—再侧屈一次,同时左脚收回成左臂侧举,右臂胸前平屈。5~8同1~4,但出右脚,方向相反。

第五节　体转运动（4×8）

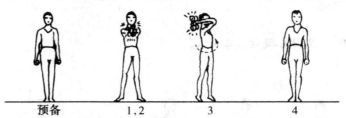

预备　　　　　　1，2　　　　　　3　　　　　　4

预备姿势：直立，两手持铃于体侧下垂。

1，2—左脚侧出与肩同宽，同时屈肘胸前双锤相击两次。3—向左转体，同时头后双锤相击一次。4—还原成预备姿势。5~8同1~4，但出右脚向右转体。

第六节　腹背运动（4×8）

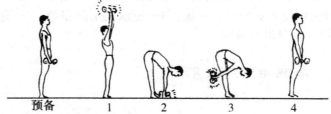

预备　　　　1　　　　2　　　　3　　　　4

预备姿势：直立，两手持铃于体侧下垂。

1—两臂上举双锤相击一次。2—上体前屈，双锤相击一次。3—上体用力前屈，腿后双锤相击一次。4—还原成预备姿势。5~8同1~4。

第七节　全身运动（4×8）

预备　　　　1　　　　2　　　　3　　　　4

预备姿势：直立，两手持铃于体侧，下垂。

1—左脚向前一大步成前弓步,同时两臂经侧上举双锤相击一次。2—上体前屈,同时两臂后举双锤相击一次。3—左腿下双锤相击一次。4—还原成预备姿势。5～8同1～4,但出右脚做。

第八节　跳跃运动(2×8)

预备　　　　1　　　　2　　　　3　　　　　4

预备姿势:直立,两手持铃于体侧下垂。

1—跳成开立,同时腹前双锤相击一次。2—跳成并立,同时两臂后举单锤相击一次。3—跳成开立,同时两臂经侧上举双锤相击一次。4—还原成预备姿势。5～8同1～4。

第八章　成套操练习范例

附录　成人广播体操与
青少年(中学生)广播体操

第八套广播操图解与说明

原地踏步(2×8)

预备　　　　　1　　　　　　　2　　　　最后一拍

预备姿势:直立。

左脚开始,脚离地面约15厘米,身体保持正直,两臂前后自然摆动。

第一节　伸展运动(4×8)

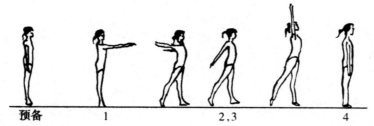

预备　　　　　1　　　　　2,3　　　　　　　4

预备姿势:直立。

1—两臂前举(掌心相对)。2,3—左脚向前一步,重心随着前移,右脚尖点地;左脚向前迈步的同时稍低头,两臂(掌心相下)经侧向后、下、向前绕至侧上举(掌心相对),抬头,眼看前方。4—两臂经前还原成直立。5～8同1～4,但换右脚做。

第二节　扩胸运动(4×8)

预备姿势:直立。

1—两手握拳(拳心向下),两臂经前至胸前平屈后振。2—两臂经前伸直(拳心相对)至侧举后振。3—两臂经前击掌,接着左脚向侧跨成左弓步,同时两手握拳成左臂胸前平屈(拳心向后),右臂侧举(拳心向前)后振,头右转,眼看右方。4—还原成直立。5～8同1～4,但方向相反。

第三节　踢腿运动(4×8)

预备姿势:直立。

1—左脚向前一步(重心移至左脚,右脚尖点地),同时两臂经前至上举(掌心向前)。2—右脚前踢(约90°),同时两臂经前、下向后摆(掌心向后)。3—还原成1姿势。4—两臂经前还原成直立。5～8同1～4,但出右脚踢左腿。

第四节　体侧运动(4×8)

预备姿势:直立。

1—左脚向左一步(同肩宽),同时左臂经侧至侧上举(掌心向内),右手叉腰(虎口向上)。2—左臂上举,同时上体向右侧屈一次,立即还原成1姿势。

3—左臂上举,同时右臂伸直(五指并拢,掌心向内),手沿腿向下伸至膝外侧,上体再向右侧屈一次。4—左臂经侧举还原成直立。5~8同1~4,但方向相反。

第五节　体转运动(4×8)

预备姿势:直立。

1—左脚向左一步(稍宽于肩),同时两臂侧举(掌心向下)。2—上体左转90°,同时左臂于体后屈肘、手背贴腰,右臂胸前平屈,手指触左肩(掌心向下)。3—两臂伸直,经前成左臂胸前平屈、右臂侧举(掌心向下),同时上体右转180°,眼看右手。4—还原成直立。5~8同1~4,但方向相反。

第六节　全身运动(4×8)

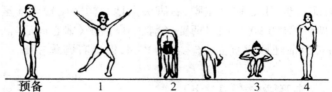

预备姿势:直立。

1—左脚向前成弓步,同时两臂经前至侧上举(掌心相对)抬头,眼看前上方。2—左脚收回,同时上体前屈,手指于脚前触地(掌心向后)。3—全蹲,同时两手扶膝(两肘外分,手指相对),眼看前下方。4—还原成直立。5~8同1~4,但换右脚做。

第七节　跳跃运动（4×8）

预备　　　　1　　　　2　　　　3　　　　4　　　　最后一拍

预备姿势：直立。

1—跳起，左、右分腿落地，同时两臂胸前平屈，两手半握拳（拳心向下）。2—跳起，还原成直立。3—跳起，左右分腿落地，同时两臂经侧至头上击掌。4—跳起，还原成直立。5~8同1~4。第四个8拍的最后一拍，两臂成体前交叉，两手半握拳（拳心向后）。

第八节　整理运动（2×8）

预备　　　1　　2、4、6、8　　3　　　5、7　　最后一拍

预备姿势：直立，两臂体前交叉，两手半握拳（拳心向后）。

1—左腿屈膝抬起，小腿自然下垂（脚离地面约15厘米），同时两臂摆至侧举，拳心向下。2—还原成预备姿势。3—动作同1，但换右腿做。4—动作同2，但两臂体前交叉时两手由拳变掌，稍低头。5—两臂经侧摆至侧上举（掌心相对），同时稍抬头，挺胸，吸气。6—两臂经侧落下至体前交叉（掌心向后），同时稍低头，呼气。7—同5。8—两臂经侧还原成预备姿势。

第一套广播体操图解与说明

第一节 下肢运动(2×8)

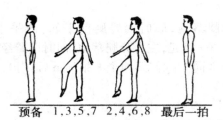

预备 1,3,5,7 2,4,6,8 最后一拍

预备姿势:立正。

1—左腿举股屈膝,还原(即左腿在原地踏步),同时右臂向前、左臂向后自然摆动。2—动作与1同,唯换右腿做,同时两臂摆动,方向与1相反。3,5,7—动作与1同。4,6,8—动作与2同。以上动作再做8拍,但动作稍大,最后一拍立定,成立正姿势。

第二节 四肢运动(4×8)

预备,4 1,3 2 最后一拍

预备姿势:立正。

1—两臂侧平举(掌心向下),同时起踵。2—两臂上举(掌心相对),同时屈膝。3—两臂落至两臂侧平举,膝伸直姿势同1。4—两臂还原,两踵落下。5～8动作同1～4。

第三节 胸部运动（4×8）

预备 1 2 3 4

预备姿势：立正（半握拳）。

1—两臂前平举（拳眼相对），同时左脚前出（重心放在后脚上）。2—两臂侧振一次，再回至前方，同时左脚再向前半步，屈膝（重心前移）。3—两臂同2，再振一次，仍回至前方。4—两臂由前方还原，左脚收回。5～8动作同1～4，唯换右脚前出。

第四节 体侧运动（4×8）

预备 1 2 3 4

预备姿势：立正。

1—两臂侧平举（掌心向下），同时左脚侧出一大步。2—右臂上举掌心转向内，体左侧屈，同时右脚屈膝（左腿直），左手叉腰（手背）。3—恢复1拍姿势。4—两臂放下于体前交叉（脚不收回）。5～8动作同1～4，但方向相反。

第五节 体转运动（4×8）

预备姿势：开腿直立，两臂体前交叉。

1—两臂侧平举（掌心向下）。2—体斜前下屈，左臂后上举，右臂前下伸，手指触左脚尖。3—恢复1拍姿势。4—两臂还原至体侧（脚不收回）。5～8动作同1～4，但方向相反。

预备　　　1,3　　　2　　　　4　　　最后一拍

第六节　腹背运动(4×8)

预备　　　1　　　2　　　3　　　　4

预备姿势:立正(半握拳)。

1—两臂由前方上振(拳眼相对),体后屈。2—体前下屈,两臂由前方下振(伸),指尖触地。3—利用反弹力,上体稍弹起再前屈一次(手掌触地)。4—上体直起成立正姿势。5—8动作同1—4。

第七节　平衡运动(4×8)

预备　　1,2　5,6　　　3,4　　　　7.8

预备姿势:立正

1,2—两臂前平举(掌心向下),同时左腿前举。3,4—两臂侧开(掌心向下),重心前移,左脚着地,右腿后举。5,6—恢复1～2拍姿势。7,8—两臂还原,左腿放下成立正姿势。第二个8拍同第一个8拍相同,但换脚进行。

第八节　跳跃运动（2×8）

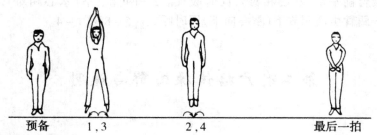

预备　　　　1,3　　　　　2,4　　　　　最后一拍

预备姿势：立正。

1—两脚左右跳开，两臂由侧方上举，在头上拍手一次。2—两臂由体侧放下，两脚跳还原。3～4动作同1～2同。5～8动作同1～4。

第九节　整理运动（2×8）

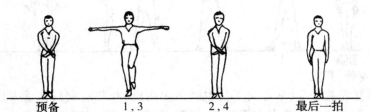

预备　　　　1,3　　　　　2,4　　　　　最后一拍

预备姿势：两臂体前交叉（半握拳）。

1—两臂侧振，同时左脚屈膝抬起。2—两臂还原至体前交叉，左腿放下。3—同1，惟右腿屈膝抬起。4—两臂还原至体前交叉，右腿放下。5～8动作同1～4。

第十节　呼吸运动（2×8）

预备　　　　1　　　　　2　　　3　　　　4

预备姿势：立正。

1—两臂前平举（掌心相对），同时吸气。2—两臂上举（掌心相对），继续吸气。3,4—两臂由两侧放下（掌心向下）同时呼气。5~8同1~4。

第二套广播体操图解与说明

第一节　伸展运动 (2×8)

预备　　　　1　　　　　2　　　　3　　　　　　4

预备姿势：直立。

1—两臂左右平举（掌心向下），左脚向左侧出（约与肩宽），体重平均地放在两脚上（吸气）。2—两臂在肩侧屈肘，握拳（不用力，拳心相对）（呼气）。3—两臂斜上伸，伸掌（掌心相对），挺胸后仰（吸气）。4—两臂经两侧放下，左脚收回，还原直立（呼气）。5~8同1~4，但换右脚做。

第二节　下蹲运动 (4×8)

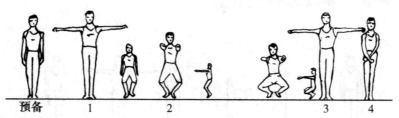

预备　　　1　　　　　　2　　　　　　　　3　　　4

预备姿势：直立。

1—两臂左右振起至平举部位，半握拳（拳心向下），同时脚跟提起（吸气）。

2—两臂经体侧向前振起平举部位(与肩同宽),同时两膝半蹲(呼气)。3—两臂经体侧向左右振起至平举部位,同时两膝伸直(吸气)。4—两臂体前交叉,脚跟落下(呼气)。5～8同1～4。

第三节　踢腿运动(4×8)

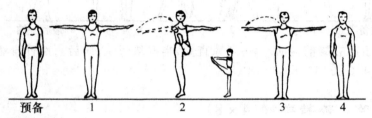

预备　　1　　　　　2　　　　　3　　　　4

预备姿势:直立。

1—两臂左右平举(掌心向下)(吸气)。2—右臂由上至前平举部位(掌心向下),同时左腿向前踢起(脚背伸直),尽可能用脚触手(呼气)。3—还原1的姿势(吸气)。4—两臂放下(呼气)。5～8同1～4,但方向相反。

第四节　体侧运动(4×8)

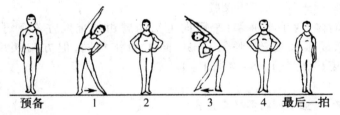

预备　　1　　　　2　　　　3　　　　4　　最后一拍

预备姿势:直立。

1—右臂经侧平举部位上举,半握拳(拳心向左),体左侧屈,同时左脚向左侧出,脚尖触地,体重放在右脚上。2—还原预备姿势。3—与1动作相同,但方向相反。4—还原预备姿势。5～8同1～4。

第五节　前后屈运动(4×8)

预备姿势:直立。

1—两臂由体前向上振起,半握拳(拳心向前),上体向后弯屈,同时左脚向左侧出(比肩稍宽),体重平均地放在两脚上。2—上体向左前下屈,两臂顺势向下振,手触左脚前地面。3—利用反弹力,上体半弹起(手约与膝盖同高),再向右前

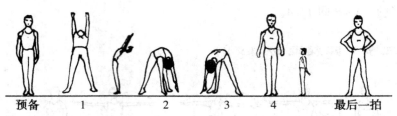

下屈一次,手触右脚前地面。4—还原直立,半握拳(拳心向后),两臂自然后摆。

5~8同1~4,但方向相反。

第六节 体转运动(4×8)

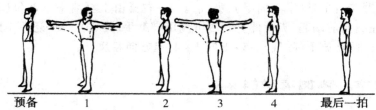

预备姿势:两脚开立,两手叉腰。

1—向左转体,两手半握拳(拳眼向上),两臂由体前向左右侧开,挺胸(吸气)。2—还原成预备姿势(呼气)。3—同1动作相同,但方向相反(吸气)。4—还原预备姿势(呼气)。5~8同1~4。

第七节 全身运动(4×8)

预备姿势:直立。

1—两臂由体前向斜上振起,半握拳(拳心向前),上体向后弯屈,同时左脚向前方跨一步,膝盖弯屈,后腿伸直(吸气)。2—上体向前弯屈,低头,同时两臂经前下向后上振(呼气)。3—还原1的姿势(吸气)。4—还原直立(两臂自然后摆)

（呼气）。5~8换右脚向前,动作与1~4相同。

第八节　跳跃运动（4×8）

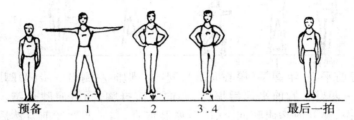

预备　1　2　3.4　最后一拍

预备姿势：直立。

1—两臂左右平举,两脚跳开。2—两手叉腰,两脚跳还原。3—两脚原地跳起落地,落地时用力踏跳。4—两脚原地高跳起落地。5~8同1~4。

第三套广播体操图解与说明

第一节　伸展运动（4×8）

预备　1　2　3　4

预备姿势：直立。

1—两臂侧平举(掌心向下),同时左脚向左侧出一步(两脚距离约与肩同宽)(吸气)。2—两臂放下,经前向上振(掌心向前),同时向左转90°,体重移至左脚,右脚提起脚跟,挺胸,上体稍后屈(吸气)。3—两臂经前放下还原1的姿势(呼气)。4—还原直立(呼气)。5~8同1~4,但方向相反。

第二节　下蹲运动（4×8）

预备姿势：直立。

预备　　　1　　　2　　　3　　　4

1—两臂前平举,半握拳(拳心向下),同时左脚向左侧出一步(两脚距离约与肩同宽)。2—两臂在胸前平屈后振(拳心向下),挺胸,同时屈膝全蹲。3—两臂经前侧开平振,侧开时拳眼转向上,同时两膝伸直。4—两臂经前自然后摆,同时左脚收回。5~8同1~4,唯换右脚侧出。

第三节　踢腿运动(4×8)

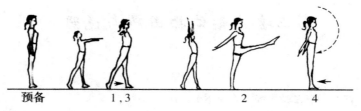

预备　　　1,3　　　2　　　4

预备姿势:直立。

1—两臂经前举侧开至侧平举部位(侧开时手心转向上),同时左脚前出一步,体重移至前脚上,后脚跟提起(吸气)。2—右腿向前上踢起,同时两臂上举、前举向后振。3—两臂经前举侧开至侧平举部位,还原成1的姿势。4—两臂经上举、前举部位自然后摆,同时左脚收回(呼气)。5~8同1~4,但左右相反。

第四节　体前后屈运动(4×8)

预备　　　1,3　　　2　　　4

预备姿势:直立。

1—两臂经前至侧斜上举部位(掌心相对),同时左脚向左侧出一步(两脚距离比肩稍宽)上体稍后屈,挺胸抬头(吸气)。2—上体前下屈,两臂在两腿间用力后振,两手靠拢(呼气)。3—还原成1的姿势(吸气)。4—两臂经前放下,还原直立(呼气)。5~8同1~4,唯换右脚侧出。

第五节　体侧运动(4×8)

预备　　　1　　　2　　　　　　3-4　　　5

预备姿势:直立。

1—两臂向左摆至上举部位。2—两臂继续绕环至右手叉腰,左臂左侧斜上举(掌心向内),眼看左手,同时左脚向左侧出一步。3—屈左膝,上体向右侧屈,左臂靠近耳部。4—利用反弹力再向右屈一次。5—上体直立,左脚收回,同时两臂左侧斜上举、经腹前向右绕环至上举部位。6~8同2~4,唯左右相反。

第六节　体回环运动(4×8)

预备　1,2　　3,4　　5　　　　　8

预备姿势:直立。

1,2—上体向左后转,两臂由下向左后斜上摆,半握拳(拳眼向上),眼看两手,同时左脚向左侧出一步(两脚距离约与肩同宽),右脚脚跟提起。3,4—上体向右后转,同时两臂由下经腹前向后斜上摆,左脚脚跟提起。5~8—上体经右、前屈,向左向后再向右、向前回环一周半至1,2的姿势,两臂随身体自然摆动。第二个8拍同第一个8拍,但左右相反。

第七节　全身运动（4×8）

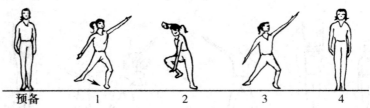

预备　　　1　　　2　　　3　　　4

预备姿势：直立。

1—左臂左前斜上举（掌心向上），右臂右后斜下举（掌心向上），眼看左手，同时左脚顺脚尖方向向左前出一大步，左膝弯屈，右腿伸直（前弓箭步），体重放在前脚上（吸气）。2—左腿伸直，右膝弯屈（后弓箭步），体重移至右腿，同时上体向右前斜下倾，左臂由上向下按压（掌心向下），右臂弯屈于头上前方（掌心向前），眼看下压的手（呼气）。3—还原1的姿势（吸气）。4—还原直立。5～8同1～4，但左右相反。

第八节　跳跃运动（2×8）

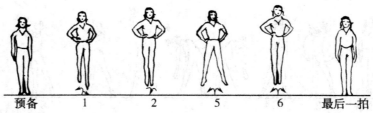

预备　　　1　　　2　　　5　　　6　　　最后一拍

预备姿势：直立。

1—两脚前后开跳（左脚在前，右脚在后），两手叉腰。2—两脚跳还原。3—同1，唯右脚在前。4—两脚跳还原。5—两脚向两侧开跳。6—两脚跳还原。7—同5。8—同6。

第四套广播体操图解与说明

第一节 伸展运动（2×8）

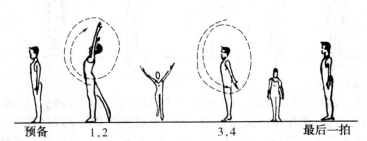

预备　　　　1,2　　　　　　3,4　　　　最后一拍

预备姿势：直立。

1,2—两臂经前、侧斜上方向后绕环一周半至侧斜上举（掌心相对），挺胸抬头，同时左脚前出一小步，重心移至左脚上，后脚脚跟提起。3,4—两臂经前、侧斜下方向前绕环一周半摆至斜后下举（掌心向后），同时左脚收回。5～8同1～4，只是换右脚前出。

第二节 扩胸运动（4×8）

预备　　　1　　　　　2　　　　　3　　　　4

预备姿势：直立。

1—两臂经前做胸前屈肘并后振一次，两手半握拳（拳心向下），同时左脚向左侧出一大步，重心在两脚上。2—向左转体90°（左脚尖转向左方，右脚跟稍向后转）成弓步，同时两臂伸直经前并后振一次（拳心向前）。3—还原成1的姿势，同时两臂经前做胸前屈肘后振一次。4—两臂经前还原直立。5～8同1～4，只是左右交换。

第三节 踢腿运动(4×8)

预备   1   2   3   4

预备姿势:直立。

1—两臂右前斜上举(掌心向下),眼看手,同时左脚向左斜后出,脚尖点地,重心在右脚上。2—左腿向右前方踢起,同时两臂向左侧下后摆(掌心向内),眼看前方。3—还原1的姿势。4—还原直立。5~8同1~4,只是左右交换。

第四节 腹背运动(4×8)

预备   1   2   3   4

预备姿势:直立。

1—两臂经前至上举(掌心向前),上体后屈,挺胸抬头,同时左脚向左侧出一步,约与肩同宽。2—上体前下屈,两臂在两腿中间向后振。3—左脚收回(脚尖并拢),同时并膝下蹲,两手扶膝,眼看前下方。4—还原直立(脚尖并拢)。5~8同1~4,只是换右脚侧出。侧出时,脚尖保持向前的姿势。

第五节 体侧运动(4×8)

预备姿势:直立。

1—两臂向内经体前交叉向上绕环至侧平举(掌心向上),同时左脚向左侧出,脚尖点地,重心在右脚上。2—左手叉腰,右臂上举靠近耳部,同时上体向左屈振一次。3—再屈振一次。4—左脚收回,右臂经侧(掌心向下)、左臂经向侧伸

预备　　　　　　　1　　　　2、3　　　　　4　　　　最后一拍

（掌心向下）放下至两臂在体前交叉。5—两臂由体前交叉向上绕环至侧平举（掌心向上），同时右脚向右侧出，脚尖点地，重心在左脚上。6～8同2～4，只是左右交换。

第六节　体转运动（4×8）

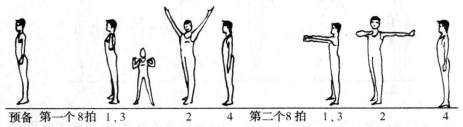

预备　第一个8拍　1、3　　　　2　　　　4　第二个8拍　1、3　　　2　　　4

预备姿势：直立。

第一个8拍：1—两臂体侧屈肘，手指触肩，同时左脚向左侧出一步，约与肩同宽。2—上体向左转90°（两脚不动），同时两臂向侧斜上伸（掌心相对），挺胸抬头。3—还原成1的姿势。4—还原直立。5～8同1～4，只是左右交换。

第二个8拍：1—两臂前平举，两手半握拳（拳心向下），同时左脚向左侧出一步，约与肩同宽。2—上体向左转90°（两脚不动），同时两臂向左后振，左臂伸直，右臂自然弯曲（拳眼向上）。3—还原成1的姿势。4—还原直立。5～8同1～4，只是左右交换。

第三个8拍同第一个8拍，第四个8拍同第二个8拍。

第七节　全身运动（4×8）

预备姿势：直立。

1—两臂侧斜上举（掌心相对），同时左脚顺脚尖方向向前出一大步，屈膝成弓步。2，3—上体向右后转经下向前上绕环回到1的姿势，同时两臂随着上体绕环动作由上（掌心向前）经右侧下（掌心向下）向前上绕环还原成1的姿势。4—还原直立。5～8同1～4，只是左右交换。

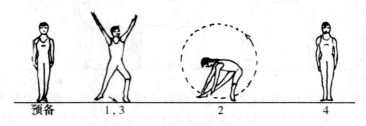

预备　　　　1，3　　　　　2　　　　　　4

第八节　跳跃运动（2×8）

预备　　　　1　　　　　2　　　　　3　　　　　4

预备姿势：直立。

1—两脚向两侧开跳，同时两手叉腰。2—两脚跳还原，同时两臂体侧屈肘，手指触肩。3—两脚向两侧开跳，同时两臂侧斜上伸（掌心相对）。4—两脚跳还原，同时翻掌（掌心向下），两臂经体侧放下还原直立。5～8同1～4。

第九节　整理运动（2×8）

预备姿势：直立。

1—两臂放松并向侧摆至侧平举部位，两手半握拳（拳心向下），同时左腿屈膝提起，小腿放松下垂。2—两臂放下在体前交叉，同时左腿放下。3—同1，只是换右腿。4—同2，右腿放下。5—两臂放松向侧摆至侧平举部位，两手半握拳，拳心向下，同时左腿向左侧举。6—两臂放下在体前交叉，同时左腿放下。7—同5，只是换右腿。8—同6，右腿放下。

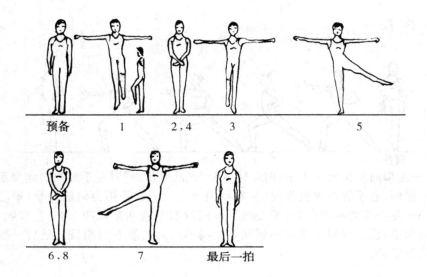

预备　　　1　　　2,4　　　3　　　　5

6,8　　　　7　　　最后一拍

第五套广播体操图解与说明

第一节　上肢运动（4×8）

预备　　　1　　　2　　　　3　　　4

预备姿势：立正。

1—左脚向左跨一步（与肩同宽），同时两臂经侧握拳至肩侧屈（拳心相对）。2—两臂用力伸直至上举（拳心相对），同时抬头挺胸。3—两臂经肩侧屈用力伸直至侧举（拳心向下）。4—左脚收回，两臂放下成立正姿势。5~8同1~4，但出右脚做。

第二节　冲拳运动（4×8）

预备姿势：立正。

预备　　　　　　　1　　　　　　2　　　　　　3　　　　　　4

1—左脚向左跨出一大步,向左转体90°成前弓步;同时左手经前向侧搂手握拳收至腰间,右手握拳提至腰间(两拳心向上)。2—右手用力向前冲拳(拳心向下)。3—左手用力向前冲拳(拳心向下);同时右拳收回至腰间。4—左脚收回,身体转回成直立,同时左拳收回腰间。5~8同1~4,但方向相反。最后一拍还原成立正姿势。

第三节　　扩胸运动(4×8)

预备　　1　　　　　　　　　　　2　　　3　　　　4

预备姿势:立正。

1—左脚向前迈出一大步成前弓步,同时两手握拳经前(拳心相对)向侧后振扩胸。2—再做扩胸一次。3—左腿蹬回并腿全蹲,同时两手扶膝(两肘外分,手指相对)。4—起立成立正姿势。5~8同1~4,但换右腿做。

第四节　　踢腿运动(4×8)

预备　　1　　　　　　　　　2　　　　3　　　　4

预备姿势：立正。

1—左脚向前迈出一步，重心移至左脚上，右脚掌着地。同时两臂经前至侧上举(掌心相对)。2—右腿伸直向前上踢，同时两手触右脚面。3—还原成 1 的姿势。4—左脚收回，两臂经前自然后摆。5～8同 1～4，但换右腿做。

第五节　体侧运动(4×8)

预备　　1　　2，3　　4

预备姿势：立正。

1—左脚向左跨出一步成左弓步，同时右手叉腰，左臂经侧向上带动上体向右侧屈。2—向右再侧屈一次。3—向右再侧屈一次。4—左脚蹬回，同时左臂经侧放下，右臂自然放下还原成立正姿势。5～8同 1～4，但方向相反。

第六节　体转运动(4×8)

预备　　1　　2　　3　　4

预备姿势：立正。

1—左脚向左跨出一步(比肩稍宽)，同时两臂侧举。2—上体前屈左转，右手触左脚面，左臂侧后举。3—上体抬起，同时两手握拳向右后上方摆动(右臂伸直，左臂胸前弯屈)，带动上体右转，眼看右手。4—左脚收回，上体转回，同时两臂放下成立正姿势。5～8同 1～4，方向相反。

第七节　腹背运动(4×8)

预备姿势：立正。

1—两臂经前至上举(掌心向前),同时上体后屈。2—上体前屈,手指触地。3—上体抬起,两臂经前至侧上举(掌心相对),同时左脚向前迈出一大步成前弓步,体后屈,稍抬头。4—左脚蹬回,两臂经前放下成立正姿势。5~8同1~4,但第7拍出右脚做。

第八节　跳跃运动(2×8)

预备姿势:立正。

1—两脚跳成开立,同时两臂侧举。2—两脚跳成并腿,同时两手头上击掌。3—跳成1的姿势。4—两脚跳成并腿,同时两臂放下成立正姿势。

第六套广播体操图解与说明

第一节　伸展运动(4×8)

预备姿势:直立。

1—左脚向左一步(同肩宽),同时两手指腹前交叉,提肘,两臂经胸前平屈翻

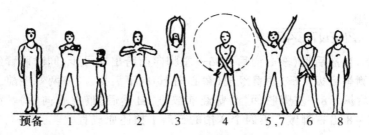

腕向前伸至前举(掌心向前)。2—翻腕,同时两臂成胸前平(掌心向后)。3—翻腕,同时两臂伸至上举(掌心向上),抬头。4—两手自然分开,五指并拢,两臂经侧向下摆至腹前交叉。5—两臂向外摆至侧上举(掌心相对),同时抬头,挺胸。6—两臂经侧向下摆至腹前交叉。7—同5。8—还原成直立。

第二节　四肢运动(4×8)

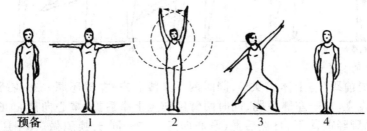

预备姿势:直立。

1—两臂侧举。2—两臂向下(经体前交叉)绕至上举。3—左脚向左前(约45°)跨出成弓步,同时左臂斜前上举,右臂斜后下举(掌心向下),抬头挺胸,眼看左手。4—还原成直立。5~8同1~4,但方向相反。

第三节　扩胸运动(4×8)

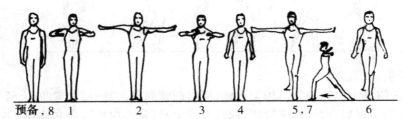

预备姿势:直立。

1—两手半握拳,两臂经前至胸前平屈后振(拳心向下)。2—两臂经前伸直(拳心向下)至侧举后振。3—两臂经前(拳心向下)至胸前平屈后振。4—两臂伸直经前放下,自然后摆(拳心向后)。5—左脚向前跨出成弓步,同时两臂经前(拳心相对)至侧举后振。6—两臂经前(拳心向下)向下后振。7—两臂经前(拳心相对)至侧举后振。8—左脚收回,两臂经前放下,自然后摆(拳心向后)。第二、四个8拍的5~8出右脚做。第四个8拍的最后1拍还原成直立。

第四节 踢腿运动(4×8)

预备姿势:直立。

1—左腿前踢(与上体成90°),同时两手叉腰。2—左腿还原。3—右腿前踢。4—还原成直立。5—左腿后踢,同时两臂经前至上举后振(掌心向前)。6—左腿还原同时两臂经前落下,自然后摆(掌心向后)。7—同5,换腿做。8—还原成直立。

第五节 体侧运动(4×8)

预备姿势:直立。

1—左脚侧出(与肩同宽)脚尖点地,同时两臂侧举。2—左臂弯曲(上臂与前臂约成90°)至背后,前臂贴于腰际,同时右臂上举(掌心向内),向左侧屈。3—再向左侧屈一次。4—还原成直立。5~8同1~4,但方向相反。

第六节　体转运动（4×8）

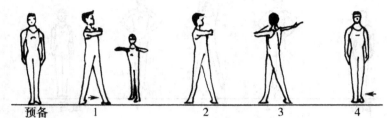

预备　1　2　3　4

预备姿势：直立。

1—左脚向左一步（同肩宽），两手半握拳，两臂胸前平屈（掌心向下），同时上体向左转动（约90°）。2—再向左转动一次。3—左臂胸前平屈（拳变掌，掌心向下），右臂伸直经前至侧举（拳变掌，掌心向上），带动上体向右转动（转动约180°），眼看右手。4—还原成直立。5~8同1~4，但方向相反。

第七节　腹背运动（4×8）

预备　1,2　3　4　6

预备姿势：直立。

1,2—左脚向左一步（同肩宽），同时两臂经前向后绕环一周半至上举（掌心向前），抬头，体后屈。3—体前屈，手指触地。4—左脚收回，两脚并拢，顺势全蹲，同时两手扶膝（两肘外分，手指相对）。5,6—站立，同时右脚向右一步（同肩宽），两臂经前向后绕环一周半至上举（掌心向前），抬头，体后屈。7,8—同3,4。第四个8拍的最后1拍还原成直立。

第八节　跳跃运动（2×8）

预备姿势：直立。

1—并腿向上跳一次，同时两手叉腰。2—再跳一次。3—并腿跳至开立，同时两臂经侧至上举，两手击掌。4—分腿跳起，并腿落地，同时两手叉腰。5~8

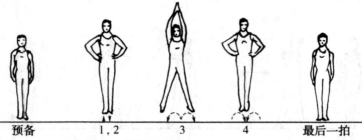

预备　　　　1,2　　　　3　　　　4　　　　最后一拍

同1~4,第二个8拍的最后1拍还原成直立。

第九节　整理运动(2×8)

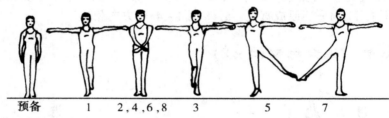

预备　　1　2,4,6,8　　3　　　5　　　7

预备姿势:直立

1—左腿屈膝提起,小腿放松自然下垂,同时两手半握拳摆至侧举(拳心向下)。2—左腿还原,同时两臂下摆至腹前交叉。3—同1,换右腿做。4—同2,右腿还原。5—左腿向左摆至侧下举,同时两臂摆至侧举。6—同2。7—同5,换右腿做。8—同2,右腿还原。

第七套广播体操图解与说明(1)

第一节　伸展运动(4×8)

预备姿势:直立。

1—左臂经前翻掌至侧举(掌心向上),同时头左转,眼看左手。2—左臂放下,头转向前,还原成直立。3,4—同1,2,但换右臂做。5—左脚向左侧出一步

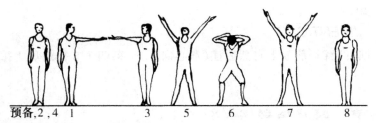

预备,2,4　1　　　　3　　　5　　　6　　　　7　　　　8

（与肩同宽），同时两臂经前至侧上举（掌心相对），抬头挺胸。6—半蹲，同时两臂肩上屈肘（手指重叠于头后），低头。7—还原成5的姿势。8—两臂经侧放下还原成直立。第三个8拍同第一个8拍，第二、四个8拍换右臂、出右脚做。

第二节　四肢运动（4×8）

预备,4　1,7　　2　　　3　　　5,7　　　6　　　8

预备姿势：直立。

1—两臂侧平举。2,3—两臂向下经体前交叉绕至侧上举（掌心向上），稍抬头。4—两臂经侧放下还原成直立。5—左脚向左侧出一步（比肩稍宽），同时两臂侧举。6—向左转体90°成左弓步，同时两臂向下经体侧成左臂侧举,右臂前举（掌心向下）。7—向右转体90°，同时两臂向下经体侧还原成5的姿势。8—还原成直立。

第三节　扩胸运动（4×8）

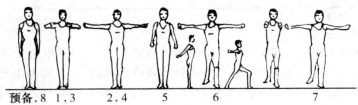

预备,8　1,3　　2,4　　　5　　　6　　　　7

预备姿势：直立。

1—两手半握拳，两臂经前（拳心向下）至胸前平屈后振。2—两臂经前（拳心相对）至侧举后振。3,4—同1,2。5—两臂经前（拳心向下）向下后振。6—左脚向前跨出成前弓步,同时两臂经前（拳心相对）至侧举后振。7—再后振一次。

8—左脚蹬回，两臂经前放下自然后摆（拳心向后）。第四个8拍最后1拍还原成直立。

第四节 踢腿运动（4×8）

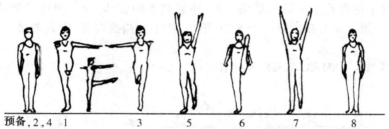

预备，2，4　1　　　3　　5　　6　　7　　8

预备姿势：直立。

1—左腿前踢（与上体约成90°），同时右臂前举，左臂侧举（掌心向下）。2—还原成直立。3，4—同1，2，但方向相反。5—左腿后伸脚尖点地，同时两臂经前至上举（掌心向前）。6—左脚向前上踢起，同时两臂经前向下后摆。7—还原成5的姿势。8—两臂经前放下还原成直立。

第五节 体侧运动（4×8）

预备　　1　　　2　　3　　　4

预备姿势：直立。

1—左脚向左侧出一步（与肩同宽），同时两臂侧举。2—两臂经上至肩侧屈，两手握拳（拳心相对），同时半蹲。3—两腿伸直成右脚站立，左脚尖点地，同时右臂上举，左臂侧上举（掌心向前，五指分开），上体向左侧屈。4—两臂经侧放下还原成直立。5～8同1～4，但方向相反。

第六节　体转运动（4×8）

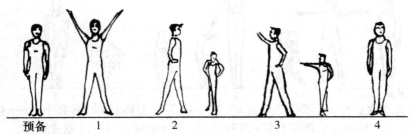

预备　1　2　3　4

预备姿势：直立。

1—左脚向左侧出一步（与肩同宽），同时两臂经前至侧上举（掌心相对），稍抬头。2—两手叉腰，同时上体向左转体90°。3—右臂伸直经前至侧举（掌心向上）带动上体向右转动约180°，眼看右手。4—还原成直立。5~8同1~4，但方向相反。

第七节　腰部运动（4×8）

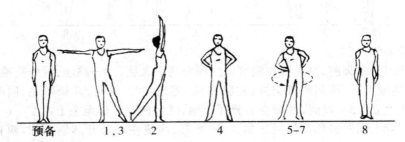

预备　1,3　2　4　5-7　8

预备姿势：直立。

1—左脚侧出，脚尖点地，同时两臂侧举。2—向左转体90°成左脚站立，右脚尖后点地，同时两臂经体侧向前至上举（掌心向前）。3—向右转体90°成两脚开立，同时两臂从前向下经体侧至侧举。4—两手叉腰后部（拇指在前）。5~7—腰部从左经后、右、前绕环一周半。8—还原成直立。

第八节　腹背运动（4×8）

预备姿势：直立。

1—左脚向左跨出一步，同时两臂侧平举。2—上体前屈振动一次，同时两臂向下摆至体前交叉（右臂在前）。3—上体再振动一次抬起，同时两臂至侧举。

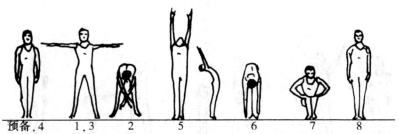

预备,4　　1,3　　2　　　5　　　6　　　7　　　8

4—还原成直立。5—两臂经前至上举(掌心向前),上体后屈,眼看手。6—体前屈手指触地。7—全蹲,两手扶膝(两肘外分,手指相对)。8—还原成直立。

第九节　跳跃运动(4×8)

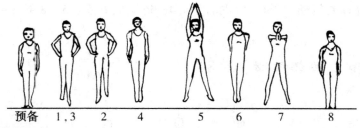

预备　1,3　　2　　4　　　5　　6　　7　　　8

预备姿势:直立。

1—跳起,两脚前后(左脚在前)落地,同时两手叉腰。2—跳起,两腿交换(右脚在前)落地。3—跳起两脚交换(左脚在前)落地。4—跳起,并腿落地,同时两手放下成直立。5—跳起,两脚左右分开落地,同时两臂经侧至头上击掌。6—跳起,并腿落地,同时经侧至体后击掌。7—跳起,两腿左右分开落地,同时两臂经侧至前举击掌。8—跳起,并腿落地成直立。

第十节　整理运动(4×8)

预备　　1,3　　2,4　　　5　　　6　　　7　　　8

预备姿势:直立。

1~4 原地踏步,两臂前后自然摆动。5~8 继续踏步,同时两臂经前、上、侧(掌心向上)落下至体侧。第四个 8 拍的最后 1 拍成直立。

第七套广播体操图解与说明(2)

第一节　伸展运动(4×8)

预备　　1,2　　3,4　　5　　6　　7,8

预备姿势:直立。

1—两腿屈伸一次,同时左脚侧出一步成开立,两臂经胸前屈(拳心向前)向上伸至侧上举(掌心向前),五指分开,抬头,挺胸。2—保持 1 姿势。3—两腿屈膝,以左脚掌为轴向左转体 90°,右脚掌在左脚弓侧点地,同时两臂收至胸前屈(掌心向内)低头含胸。4—保持 3 姿势。5—以左脚掌为轴,同时伸膝向右转体 90°成分腿提踵立,两臂伸至上举(掌心向前),五指分开,抬头挺胸。6—右脚跟落地,同时两臂经侧举(掌心向前),五指分开。7—左脚并向右脚,两臂落下还原成直立。8—保持 7 姿势。

第二节　四肢运动(4×8)

预备　　1,3　　2,4　　5,6　　7　　8

预备姿势:直立。

1—左脚侧出一步,同时右腿屈膝,左腿伸直向左顶髋,两臂侧举(掌心向前),五指分开,头向左转。2—左腿屈膝,右腿伸直向右顶髋,两手握拳收至肩侧屈(拳心向前),头还原。3—左腿伸直,右腿屈膝向左顶髋,同时两臂侧伸成 1 姿势。4—右腿伸直成开立,臂和头的动作同 2。5—提压脚跟一次,同时臂上举(掌心向前),五指分开,抬头。6—提压脚跟一次,两臂侧上举(掌心向前)五指分开,稍抬头。7—提压脚跟一次,两臂侧举(掌心向前),五指分开,头还原。8—直立。

第三节　肩部运动(4×8)

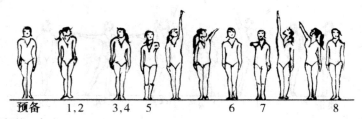

预备　1,2　　3,4　5　　　　　　6　　7　　　　8

预备姿势:直立。

1,2—左肩向前绕环,眼看左肩。3,4—右肩向前绕环,眼看右肩。5,6—两腿屈伸一次,同时左臂向前绕环一次,眼随手动作至直立。7,8—同 5,6,但右臂绕环。

第四节　扩胸运动(4×8)

预备　1,3　　2　　　4　　　5　　　6　　7　　8

预备姿势:直立。

1—左脚侧出一步,两臂前举(掌心向下)。2—两臂胸前平屈后振。3—两臂前举(掌心向下)。4—两臂侧举后振。5—右脚屈膝,同时上体向左转 90°,两臂前举交叉(掌心向下),右臂在上。6—右腿伸直,上体向右转体 90°,同时两臂向侧后振。7—两臂前举(掌心向下)。8—还原成直立。

第五节 体侧运动 (4×8)

预备   1,2   3,4   5,6   7,8 最后一拍

预备姿势:直立。

1—左脚侧出一步,脚尖点地,同时两臂向内绕经头上交叉至屈臂 90° 侧举,前臂向上,拳心相对。2—保持 1 姿势。3—上体向左侧屈,头向左转,眼看左拳。4—保持 3 姿势。5—重心移至左脚,右脚尖点地,上体向右侧屈,同时左臂上举,掌心向前,五指分开,右手叉腰,眼看右前方。6—保持 5 姿势。7—左脚收回,左臂经侧落下还原成直立。8—保持直立姿势。

第六节 体转运动 (4×8)

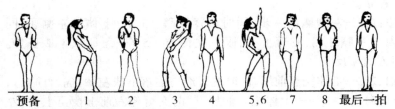

预备   1   2   3   4   5,6   7   8 最后一拍

预备姿势:同第五节结束姿势。

1—左脚侧出一步成分腿稍蹲,同时向左顶髋,上体左转,两臂侧下举,掌心向后,五指分开。2—两臂伸直。其他动作还原成预备姿势。3—两腿稍蹲,同时向右顶髋,上体右转,两臂侧下举,掌心向后,五指分开。4—上体转向前,两臂至体侧。5—同 1,但左臂侧上举(眼看左手),右手叉腰。6—同 5 姿势。7—还原成直立。8—屈臂握拳至腰间,拳心向上。

第七节 腹背运动 (4×8)

预备姿势:直立。

1,2—左脚侧出一步,同时两臂经侧至上举交叉振动外摆(掌心向前),上体后屈,抬头,挺胸。3,4—体前屈,两臂经侧落下至体前交叉振动外摆(掌心向

| 预备 | 1,2 | 3,4 | 5,6 | 7,8 |

后）。5,6—两腿半蹲,同时两臂上举交叉振动外摆（掌心向前）。7,8—两腿伸直,同时两臂经侧落下还原成直立。

第八节　腰部运动（8×8）

| 预备 | 1,2,5,6 | 3,4 | 7,8 | 1,2 | 3,4 | 5,6 | 7,8 |

预备姿势:直立。

第一个8拍:1,2—左脚侧出一步,同时两臂侧举。3,4—上体向左侧屈,同时左手虎口向内扶左膝外侧,右臂上举,眼看左侧方。5,6—还原成1,2姿势。7,8—同3,4,但方向相反。

第二个8拍:1,2—上体绕至前屈,同时左臂经右前落下扶左膝（虎口向内）,右手扶右膝（虎口向内）。3,4—上体绕至侧屈,同时右臂经左前上摆至上举,左手（虎口向内）扶左膝外侧,眼看左侧方。5,6—上体后屈,右臂从右后落下扶右大腿后部,左手扶左大腿后部（虎口均向外）。7,8—还原成直立。

第九节　踢腿运动（4×8）

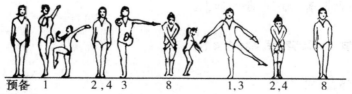

| 预备 | 1 | 2,4 | 3 | 8 | 1,3 | 2,4 | 8 |

预备姿势:直立。

第一个8拍:1—左腿屈膝提起,左臂侧后上举（拳心向下）,右臂胸前屈握拳

（拳心向后）。2—还原成直立。3—左腿伸直前踢,左臂侧举,右臂前举(掌心向下)。4—还原成直立。5～7同1～3,但换右腿做。8—右腿并于左腿稍蹲,两臂体前交叉(掌心向后)。

第二个8拍:1—两臂伸直,同时左腿侧踢(45°),两臂侧下举(掌心向后)。2—左腿并于右腿稍蹲,两臂体前交叉(掌心向后)。3—两腿伸直,同时左腿侧踢,两臂侧举。4—同2。5—同1,但换右腿做。6—还原成2的姿势。7—同3,但换右腿做。8—还原成直立。

第十节　全身运动(4×8)

预备　　1　　　2　　3　　4　　5,6　7,8

预备姿势:直立。

1,2—左脚侧出成弓步,同时左膝有弹性地屈伸一次,左手叉腰,右手半握拳,右臂由侧举向下经左绕至上举,眼看手。3,4—左膝有弹性地屈伸一次,同时右臂经侧向下、后绕环至上举(绕臂时身体稍向右转动),眼看手。5,6—收左腿成全蹲,右臂经侧落下,两臂扶膝,手指相对。7,8—还原成直立。

第十一节　跳跃运动(4×8)

预备　1　　2　　3　4,5,4,6 1　　3　　5　　7

预备姿势:直立。

第一个8拍:1—跳起,同时两手握拳两臂胸前平屈,拳心向下,左右分腿落地。2—跳起,同时两臂落下至体侧握拳,并腿落地。3—跳起,两臂握拳摆至侧举,左右分腿落地。4—同2。5～8同1～4。第二个8拍同第一个8拍。

第三个8拍:1—跳起,两臂向内绕经头上交叉至侧上举,五指分开,左右分腿落地。2—跳起,两臂经侧落下至体侧,并腿落地。3—跳起,右腿屈膝分腿落地,同时向左顶髋,左臂侧举(掌心向前),五指分开,右臂经右侧至上举,五指分开,掌心向前,眼看左手。4—跳起,两臂经侧落下成直立,并腿落地。5~8同1~4,但方向相反。

第十二节 整理运动(4×8)

预备 1 4 5 6 7 8 最后一拍

预备姿势:直立。

1—4—两脚原地踏步,两臂自然摆动,半握拳。第4拍两臂置于体侧。5,6—两脚继续踏步,同时两臂经侧举(掌心向前)至上举(掌心向前),稍抬头,挺胸。7,8—两脚继续踏步,两臂屈肘落至胸前,用手指拍击肩部,落下至体侧。第二、三、四个8拍同第一个8拍。

时代在召唤

第二套全国中学生广播体操图解说明(1)

预备节(4×8)

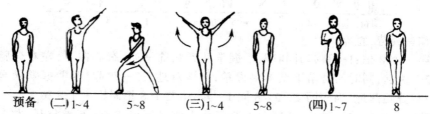

预备 (二)1~4 5~8 (三)1~4 5~8 (四)1~7 8

预备姿势:直立。

第一个8拍:1~8—保持直立。

第二个 8 拍：1～4—左臂侧上举（3 拍到位，掌心向外），眼看左手。5～8—右脚向侧前成弓步，同时左臂经侧向内摆至前下举（3 拍到位），眼看左手。

第三个 8 拍：1～4—右腿还原成并立，同时两臂侧上举（3 拍到位，掌心向外），稍抬头。5～8—还原成直立。

第四个 8 拍：1～7—左脚开始踏步，同时两臂屈肘（握拳）前后自然摆动，最后 1 拍还原成直立。

第一节　伸展运动（4×8）

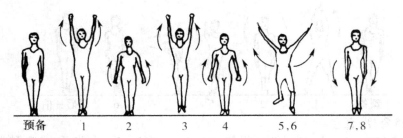

预备　　1　　2　　3　　4　　5,6　　7,8

预备姿势：直立。

第一个 8 拍：1—两臂向上冲拳（拳心向前）。2—半蹲，同时两手向下冲拳（拳心向后）。3—起立，同时两手向上冲拳。4—两手向下冲拳。5,6—左脚向前成弓步，同时两臂经前至侧上举（拳变掌），稍抬头。7,8—还原成直立。第二个 8 拍同第一个 8 拍，但换右脚做。

第二节　四肢运动（4×8）

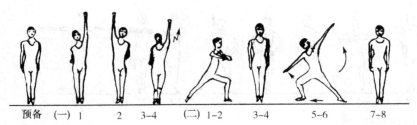

预备　（一）1　　2　　3-4　（二）1-2　　3-4　　5-6　　7-8

预备姿势：直立。

第一个 8 拍：1—左手向上冲拳（拳心向外），同时右手握拳提于腰际（拳心向上），上体稍向右转。2—右手向上冲拳（拳心向外），同时左拳收回贴于腰际（拳心向上），上体稍向左转。3,4—半蹲，同时左手向上冲拳两次，右拳收回贴于腰际，上体稍向右转。5—起立，手臂动作同 2。6—同 1。7,8—同 3,4，但方向相反。

第二个8拍:1,2—向左转体,左脚向前成弓步,同时两臂胸前平屈,小臂重叠向前相互绕环两圈,上体稍前倾。3,4—还原成直立。5,6—右脚侧出成侧弓步,同时左臂侧上举,右臂侧下举,眼看左手。7,8—还原成直立。

第三节　肩部运动(4×8)

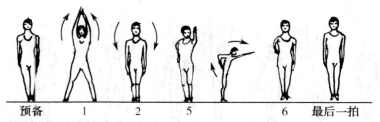

预备　　　1　　　2　　　5　　　　6　　　最后一拍

预备姿势:直立。

1—左脚向侧一步,同时两臂经侧至上举(击掌)。2—右脚并左脚,稍屈膝,同时两臂还原。3,4—同1,2,但方向相反。5—伸膝,同时左臂经屈肘后提向前绕伸成前上举(手经耳侧,掌心向下),上体前倾稍右转。6—半蹲,左臂继续绕环至同侧,右臂屈肘后提(掌心向内)。7—同5,但方向相反。8—半蹲,手臂还原。第二、三、四个8拍同第一个8拍。

第四节　扩胸运动(8×8)

预备　(一)1　　　2　　　4　　　5　(二)1　　　2　　　5,6

预备姿势:直立。

第一个8拍:1—左脚侧伸(脚尖点地),同时右腿屈膝,两臂胸前平屈(握拳,拳心向下)。2—还原成直立(两手握拳)。3—同1,但方向相反。4—右脚向左前交叉稍屈膝,同时两手叉腰。5—左脚侧伸(脚点地),同时左臂伸至上举(五指分开,掌心向前),稍抬头。6—左脚向右前交叉稍屈膝,同时左手叉腰。7—同5,但方向相反。8—右脚并左脚成直立。

第二个8拍:1~4—左脚开始向后退四步(第四步成并立),同时两臂胸前平屈后振两次。5,6—两臂经前伸直向侧后振(掌心向上)。7,8—还原成直立。

第五节 踢腿运动(8×8)

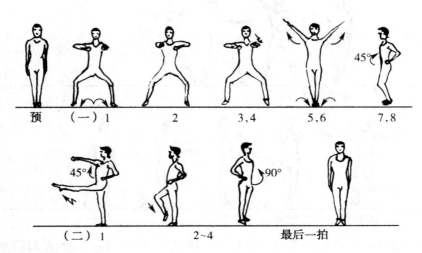

预 （一）1 2 3,4 5,6 7,8

（二）1 2~4 最后一拍

预备姿势:直立。

第一个8拍:1—跳成分腿半蹲,同时左手向前冲拳(拳心向下),右臂胸前平屈(握拳,拳心向下)。2—右手向前冲拳,同时左臂胸前平屈(拳心向下)。3,4—左手向前冲拳两次,同时右臂胸前平屈。5,6—跳成并立,同时两臂经下摆至侧上举(掌心向外)。7,8—向右跳转45°成半蹲,同时两手握拳贴于腰际(拳心向上)。

第二个8拍:1—左脚向前弹踢(与上体成90°),同时右手向前冲拳(拳心向下)。2—左腿还原,右拳收回贴于腰际(拳心向上)。3,4—右脚开始踏步,同时向左转体90°。5,6—同1,2,但方向相反。7,8—左脚开始踏步,同时向右转体45°。

第六节 体转运动(6×8)

预备姿势:直立。

第一个8拍:1~2—左脚向侧一步,同时左臂向侧上方快速屈伸两次(掌心向下)。3~4—左腿屈膝内扣同时上体右转,左臂经至前举(五指分开,掌心向内)。5~6—左腿伸直,同时两臂经前成左臂侧举、右臂胸前平屈,向左转体180°,眼看左手。7~8—还原成直立。第二个8拍同第一个8拍,但方向相反。

第三个8拍:1,2—左脚向前成弓步,同时两臂经胸前平屈(小臂重叠,左臂在上)摆至侧举(五指分开,掌心向前)。3,4—腿还原,同时两臂平屈(小臂重叠,

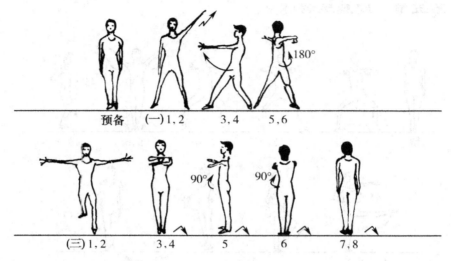

预备　（一）1，2　　3，4　　5，6

（三）1，2　　3，4　　5　　6　　7，8

右臂在上，握拳，拳心向下）。5—向右并跳转90°。6—同5。7，8—原地跳成直立。第四至第六个8拍同第一至第三个8拍，但第六个8拍中的1，2拍方向相反。

第七节　全身运动（4×8）

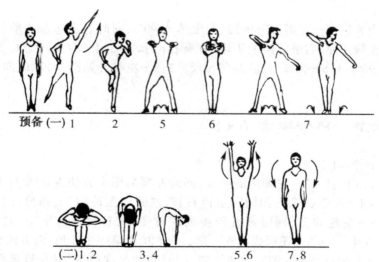

预备 （一）1　　2　　5　　6　　7

（二）1，2　　3，4　　5，6　　7，8

预备姿势：直立。

第一个8拍：1—左脚向侧前一步（重心移至左脚，右脚尖点地），同时左臂侧前上举（掌心向下）右手叉腰，稍抬头。2—右腿屈膝上提，同时左臂胸前屈（肘部向下，握拳拳心向后），稍低头。3,4—同1,2，但方向相反。5—右脚稍向后分腿跳，同时两手向前冲拳（拳心向下）。6—跳成开立，同时两臂屈肘成胸前交叉（拳心向后）。7（前半拍）—分腿跳，同时左臂摆至侧下举（拳心向后），右臂向侧上提肘（拳心向下）；7（后半拍）—跳成并立。8—同7（前半拍）。

第二个8拍：1,2—并腿跳成全蹲，同时两手扶膝（两肘外展，手指相对），稍低头。3,4—起立，同时体前屈，手指触地（掌心向后）。5,6—上体抬起，同时两臂经侧至上举（五指分开，掌心向前），抬头。7,8—两臂还原至体侧（五指并拢，掌心向内）。第三、四个8拍同第一、二个8拍，但方向相反。

第八节　跑跳运动（8×8）

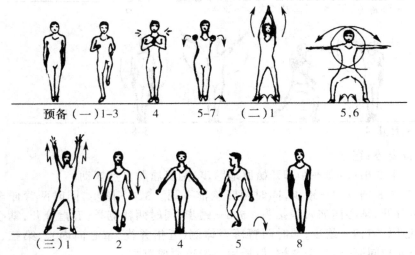

预备　（一）1-3　　　4　　　5-7　　　（二）1　　　5,6

（三）1　　　2　　　4　　　5　　　8

预备姿势：直立。

第一个8拍：1～4—左脚开始向前走四步，同时两臂屈肘前后自然摆动，第四拍并跳，两手胸前击掌。5～8—向后并跳四步，同时两臂伸至前举（握拳，拳心向下），第8拍手臂还原至体侧。

第二个8拍：1—分腿跳，同时两臂经侧摆至上举（击掌）。2—跳成开立，两臂还原。3,4—同1,2。5,6—跳成开立半蹲，同时两臂向内经体前交叉绕至侧举。7,8—跳成直立。

第三个8拍：1—左脚向侧一步，同时两臂经屈肘（握拳）伸至上举（五指分开，掌心向前）。2—右脚向左后成交叉步，同时两臂经屈肘伸至体侧（握拳，拳心向后）。3—同1。4—右脚并左脚成半蹲，同时两臂经屈肘伸至侧下举（拳心向后)。5~8—向右并腿屈膝跳两步,头向右转。第四个 8 拍同第三个 8 拍,但方向相反。

第九节 整理运动(10×8)

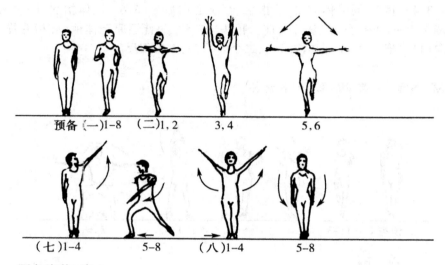

预备 (一)1-8 (二)1,2 3,4 5,6

(七)1-4 5-8 (八)1-4 5-8

预备姿势:直立。

第一个 8 拍:1~8—左脚开始原地踏步,两臂屈肘自然摆动。

第二个 8 拍:1,2—踏步,同时两臂胸前平屈。3,4—踏步,同时两臂伸至上举(五指分开,掌心向前),稍抬头。5,6—踏步,同时两臂侧举(五指分开,掌心向前),头还原。7,8—踏步,同时两臂落至体侧(五指并拢,掌心向内)。第三、四、五、六个 8 拍同第一、二个 8 拍,但最后一拍还原成直立。

第七个 8 拍:1~4—左臂侧上举(掌心向外),眼看手。5~8—右脚向侧前成弓步,同时左臂经侧向内摆至前下举(掌心向下),眼看手。

第八个 8 拍:1~4—右脚还原成并立,同时两臂侧上举(掌心向外),稍抬头。5~8—两臂落至体侧。第九、十个 8 拍同第七、八个 8 拍,但方向相反。

青春的活力
第二套全国中学生广播体操图解说明(2)

预备节（2×8）

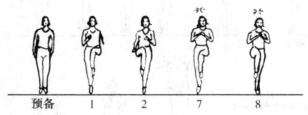

预备　1　2　7　8

预备姿势：直立。

第一个8拍：保持直立。第二个8拍：1～6—踏步，同时两臂屈肘前后摆动。7,8—踏步，同时两手胸前击掌2次。

第一节　热身运动（4×8）

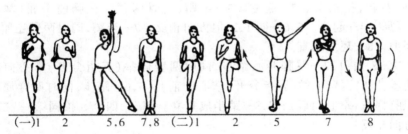

（一)1　2　5,6　7,8　（二)1　2　5　7　8

预备姿势：上一节的最后一个动作。

第一个8拍：1～4—右脚开始向前踏步，同时两臂屈肘前后摆动(握拳)，第4拍还原成直立。5,6—左腿侧伸(脚尖内侧点地)，同时右腿微屈，左臂经胸前平屈至上举(五指分开,掌心向前)。7,8—还原成直立。

第二个8拍：1～4—右脚开始向后踏步，同时两臂屈肘前后摆动(握拳)。4—还原成直立。5—右脚前伸(脚跟触地)，同时左腿微屈，两臂侧上举(握拳,拳心向下)。6—还原成直立。7—左腿前伸(脚跟触地)，同时右腿微屈，两臂胸前交叉屈(左臂在外,拳心向后)。8—还原成直立。第三、四个8拍同第一、二个8

拍,但方向相反。

第二节　上肢运动（4×8）

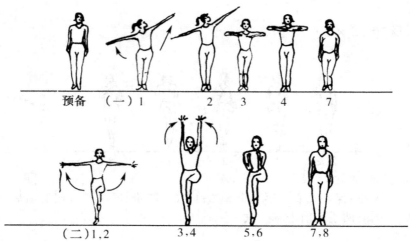

预备　（一）1　　2　　3　　4　　7

（二）1,2　　3,4　　5,6　　7,8

预备姿势:直立。

第一个8拍:1—半蹲,同时左臂侧上举(掌心向下),右臂侧下举(掌心向下),头向左转,稍抬头。2—起立。3—半蹲,同时两臂收至胸前平屈(掌心向下),头还原。4—起立。5,6—同1,2,但方向相反。7—半蹲,同时两臂还原至体侧,头还原。8—还原成直立。

第二个8拍:1,2—左脚开始踏步,同时两臂侧举(五指分开,掌心向前)。3,4—踏步,同时两臂上举(五指分开,掌心向前)。5,6—踏步,同时两臂屈肘收至胸前屈(握拳,拳心向后)。7,8—踏步成直立。第三、四个8拍同第一、二个8拍,但方向相反。

第三节　胸部运动（8×8）

预备　1　　2,4　　3　　5,6　（二）1,2　　3,4　　5,6

预备姿势:直立。

第一个8拍:1—半蹲,同时两臂前平屈后振(握拳,拳心向下)。2—起立,同时两臂向前伸至交叉前举(左臂在上)。3—半蹲,同时两臂摆至侧举后振(拳心向下)。4—同2。5,6—左脚向侧一大步成半蹲,同时两臂扶膝(虎口向下)。7,8—跳起还原成直立。

第二个8拍:1,2—左脚开始踏步,同时两臂侧上举(掌心向下)。3,4—踏步,同时两臂屈肘收至胸前交叉(左臂在前,手指触肩)。5,6—向左转体,同时左脚向前一大步成弓步,两臂经前伸至侧举后振(掌心向前)。7,8—向右转体还原成直立。第三、四个8拍同第一、二个8拍,但方向相反。第五至第八个8拍同第一至第四个8拍。

第四节 腰部运动(8×8)

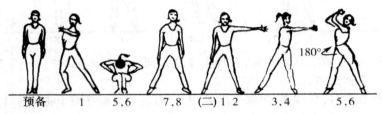

预备 1 5,6 7,8 (二)1 2 3,4 5,6

预备姿势:直立。

第一个8拍:1—左腿侧伸(脚尖内侧点地),同时右腿微屈,左臂前举,女生拳心向上,五指分开,无名指与小指指尖向上成"健美指"手型(男生向前冲拳,拳心向下,右手收至腰际,拳心向上)。2—女生还原成直立(男生腿还原成并立,同时左手收于腰际,拳心向上)。3,4—同1,2,但方向相反。5,6—全蹲,同时两手扶膝(手指相对),低头。7,8—跳成开立,同时两臂还原至体侧,头还原。

第二个8拍:1,2—左臂侧举(五指分开,掌心向前)。3,4—上体左转,同时右臂前举(两臂击掌互握)。5,6—双腿屈伸一次(重心移至右腿,左脚尖点地),同时上体向右转180°,两臂经下摆至右肩上屈,头还原。7,8—左脚并右脚还原成直立。第三、四个8拍同第一、二个8拍,但方向相反。

第五节 全身运动(8×8)

预备姿势:直立。

第一个8拍:1,2—左脚开始向前走两步成并步,同时两臂经交叉胸前屈摆至侧举(五指并拢,掌心向下)。3,4—左脚开始后退两步成并步,同时两臂还原至体侧。5—左脚向侧一步,同时两臂胸前平屈(握拳,拳心向下)。6—右脚并于

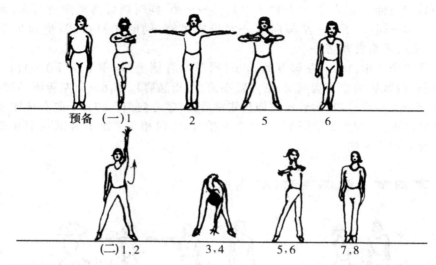

左脚成两腿微屈(重心移至左脚,右脚尖点地),同时伸至体侧。7,8—同5,6,方向相反(8—手臂成掌)。

第二个8拍:1,2—左脚向侧一步成开立,同时左臂经屈肘上提伸至上举(五指分开,掌心向前),右拳变掌贴于体侧。3,4—体前屈,同时左臂经屈肘向下伸出(掌心向后)。5,6—上体直立,同时左转,左臂经前向后拉至肩侧平屈(握拳,拳心向下),右臂前举(五指分开,掌心向下)。7,8—还原成直立。第三、四个8拍同第一、二个8拍,但方向相反。

第六节 踢腿运动(4×8)

预备姿势:直立。

第一个8拍:1,2—左脚开始踏步(两臂于体侧)。3—左腿侧踢,同时右腿微屈,右臂侧上举(掌心向下),头向右转,稍抬头。4—还原成直立。5~8同1~4,但方向相反。

第二个8拍:1—左脚屈膝上提(大腿与地面平行,绷脚尖),同时右脚提踵立。2—还原成直立。3—右脚前踢(腿与地面平行,绷脚尖),同时向右转体,左脚提踵立。4—还原成直立。5—左脚前踢,同时右脚提踵立。6—还原成直立。7—跳成分腿屈膝向右转,同时两臂侧上举(五指分开,掌心向下)。8—并腿跳还原成直立。第三、四个8拍同第一、二个8拍。

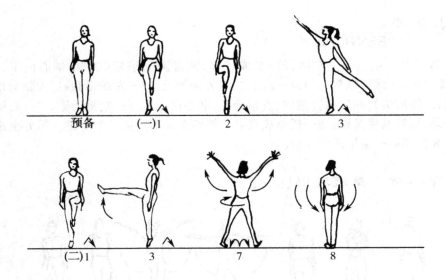

预备　　　　（一）1　　　　　2　　　　　　3

（二）1　　　　　3　　　　　　7　　　　　　8

第七节　跑跳运动（8×8）

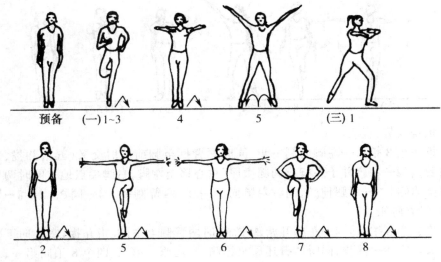

预备　　　（一）1~3　　　　4　　　　　5　　　　（三）1

2　　　　　5　　　　　6　　　　　7　　　　　8

预备姿势：直立。

第一个8拍：1~3—左脚开始向前跑跳，同时两臂屈肘前后摆动（握拳）。4—跳成并立，同时两臂胸前平屈（五指并拢，掌心向下）。5—跳成分腿屈膝，同时两臂侧上举。6,7—同4,5。8—还原成直立。第二个8拍同第一个8拍，但左脚开始向后跑跳。

第三个 8 拍:1—向左跳,转 45°成弓步,两臂胸前平屈(握拳,拳心向下)。2—跳成直立(保持握拳)。3,4—同 1,2,但方向相反。5—左腿提膝跳(大腿与地面平行,绷脚尖),同时两臂侧举(五指分开,掌心向前)。6—左腿还原。7—右腿提膝跳,同时两手叉腰。8—还原成直立。第四个 8 拍同第三个 8 拍。第五至第八个 8 拍同第一至第四个 8 拍。

第八节　整理运动(9×8)

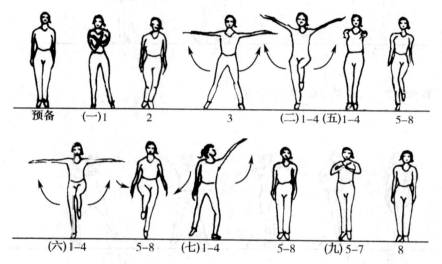

预备　(一)1　　2　　　3　　(二)1-4 (五)1-4　　5-8

(六)1-4　　5-8　　(七)1-4　　5-8　　(九)5-7　　8

预备姿势:直立。

第一个 8 拍:1—左脚向侧一步,同时两臂摆至胸前屈肘交叉(五指并拢,掌心向后)。2—右脚并于左脚成两腿微屈(重心移至左脚,右脚尖点地),同时两臂还原至体侧。3—双腿伸膝,同时左脚向侧一步,两臂侧举。4—同 2。5~8—同 1~4,但方向相反。

第二个 8 拍:1~4—左脚开始踏步,同时两臂侧上举(五指并拢,掌心向下),稍抬头。5~8—踏步,同时两臂还原至体侧,头还原。第三、四个 8 拍同第一、二个 8 拍。

第五个 8 拍:1~4—左脚开始向前踏步,同时两臂前举(五指并拢,掌心向下)。5~8—原地踏步,同时两臂还原至体侧。

第六个 8 拍:1~4—左脚开始向后踏步,同时两臂侧举。5~8—原地踏步,同时两臂还原至体侧。

第七个 8 拍:1～4—左脚向左前方成弓步,同时左臂摆至左前上举。头向左转 45°,稍抬头。5～8—还原成直立。第八个 8 拍同第七个 8 拍,但方向相反。

第九个 8 拍:1～4—原地不动。5～7—击掌 3 次。8—两臂还原至体侧。

附录　成人广播体操与青少年(中学生)广播体操

主要参考文献

1．体育院、系教材编审委员会体操编写组．体操．北京：人民体育出版社，1985

2．体操教材编写组编．体操．北京：高等教育出版社，1987

3．黄燊，姜桂萍，颜天民等．体操．北京：高等教育出版社，2000

4．韩德才，回寅，乐仁义．轻器械体操．北京：北京师范大学出版社，1985

5．宣萍，高鸿武．徒手体操．北京：人民体育出版社，1984

6．陈智寿．体育课的准备活动．福建：福建教育出版社，1979

7．邬显德，倪志明等．队列队形练习．浙江：浙江教育出版社，1993

图书在版编目(CIP)数据

基本体操 / 王伯华主编. —杭州:浙江大学出版社，
2004.9（2023.8 重印）
 ISBN 978-7-308-03879-9

Ⅰ.基… Ⅱ.王… Ⅲ.体操－高等学校－教材 Ⅳ.G831

中国版本图书馆 CIP 数据核字(2004)第 090917 号

基本体操

王伯华 主编

责任编辑	葛　娟
出版发行	浙江大学出版社
	（杭州市天目山路 148 号　邮政编码 310007)
	（网址：http://www.zjupress.com)
排　版	浙江时代出版服务有限公司
印　刷	广东虎彩云印刷有限公司绍兴分公司
开　本	787mm×1092mm　1/16
印　张	11
字　数	210 千
版印次	2004 年 9 月第 1 版　2023 年 8 月第 13 次印刷
书　号	ISBN 978-7-308-03879-9
定　价	28.00 元